역사와 역사관

역사와 역사관

안건훈 지음

서광사

역사와 역사관
안건훈 지음

펴낸이 — 김신혁, 이숙
펴낸곳 — 서광사
출판등록일 — 1977. 6. 30.
출판등록번호 — 제 406-2006-000010호

(413-832) 경기도 파주시 교하읍 문발리 534-1
대표전화:(031)955-4331 / 팩시밀리:(031)955-4336
E-mail: phil6161@chol.com
http://www.seokwangsa.co.kr

제1판 제1쇄 펴낸날 · 2007년 3월 30일

ISBN 978-89-306-2252-3   93160

머리말

우리가 제기하는 물음들 가운데 가장 근본적인 것은 '무엇'이라는 질문이다. '무엇'이라는 질문에 관해 어느 정도 답변이 이루어지면, 그것을 토대로 '왜'나 '어떻게'와 같은 구체적인 이유나 방법을 추구하는 질문도 이어지게 된다. 그래서 예로부터 무엇이라는 질문은 여러 가지 물음 가운데서도 가장 근본적인 것으로 여겨졌으며, 이런 특성 때문에 철학적인 질문과 특히 관련되어 왔다.

이를 역사에 적용시켜보면, '역사란 무엇인가?'라는 질문이 된다. 이 물음에 관한 답변과정에서 싹튼 것이 역사철학이며, 구체적으로 제시된 것 가운데 하나가 역사관이다. 이 물음에 관한 답변내용은 참과 거짓으로 판명된다기보다는 찬성과 반대를 유발한다. 물론, 그 답변내용이 설득력이 있으면 옹호자들이 많이 나타날 것이다. 이 물음은 경우에 따라서는 '역사는 과학인가?'라는 질문과도 관련지으면서, 과학과 비교·서술되어 오기도 했다.

역사에서 다루는 서술대상을 보면, 과거에는 주로 정치사, 왕조사중심의 역사를 다뤘지만, 세월이 지남에 따라 경제사, 문화사 등까지 그 다루는 범위가 확대되었고, 이제는 인간의 역사뿐만 아니라 자연의 역사까지도 다루게 되었다. 아울러, 사료의 정확한 검증을 위해 과학이나 기술영역에 관한 지식습득이나 제휴도 점점 더 요청되고 있는 실정이다.

이 책은 역사가 무엇인지에 관해 탐구해 왔던 학자들이 정리한 것이다. 이를 위해 이 책은 크게 3부로 이루어져 있다. 제1부인 '역사와 역사서술'에서는 '역사의 특징과 더불어, 역사서술은 어떻게 할 것인지'에 관해 살폈다. 이를 위해 제1장에서는 '역사'와 '철학'의 어원적인 분석과 더불어, 역사가와 사실의 관계를 살펴봄에 의해, 역사라는 개념의 의미를 명료화하는 데 힘썼다. 아울러 역사에서의 사건들에 관한 서술에서 거시분석과 미시분석이 지닌 특징들도 다뤘다. 제2장에서는 역사와 과학의 유사점과 차이점, 역사에서의 설명 논리, 원인과 이유의 비교, 역사에서의 인과성 문제를 다루었다. 이어서 제3장에서는 역사서술의 특징을 '분석적 역사철학자들의 견해를 중심'으로 다루었다. 비판적 역사철학자들이라고도 하는 이들의 견해가 기존의 사변적 역사철학자들에 비해 이런 특징들을 더 구체적으로 진단하고 있다고 여겨지기 때문이다.

제1부가 주로 역사가 지니는 일반적인 특징을 밝히는 데 그 무게가 주어졌다면, 제2부인 '시대별로 본 역사관'은 각 시대에서 나타나는 특징적인 역사관을 밝히는 일에 치중하면서 엮어졌다. 이를 위해, 4장에서는 고대 그리스의 역사관, 유대·기독교의 역사관, 중세의 역사관을 포괄적으로 다루었으며, 5장에서는 '서양근세의 역사관'을 인간이 지닌 이성의 보편성에 기초하여, 변신론의 세속화과정으로 파악하면서 다루었다. 그 구체적인 나타남으로 '계몽사관·진보사관'의 형성, '일반정신과 인류보편사의 가능성', '민족사관과 세계시민의식 함양'을 들어, 관련된 학자들의 견해를 소개하면서 살폈다. 6장인 '현대의 역사관'에서는 그 주요 경향으로 사변적인 역사관의 퇴조와 비판적인 역사관의 대두, 문명사관의 발흥, 보편사와 탈 역사시

대, 미래학의 등장 및 역사의 범위 확대를 들어 살폈다.

제3부인 '학자들의 역사관'에서는 동서고금을 통해 대표적인 몇 몇 철학자들의 역사에 관한 견해를 살폈다. 공자, 동중서, 사마천, 비 코, 헤르더, 칸트, 헤겔, 마르크스, 랑케, 슈펭글러, 토인비의 견해가 각각 그것이다. 이들의 견해가 다른 학자들의 견해보다 뛰어나서만 은 아니다. 후대에 미친 영향이 컸기 때문에 택했다. 공자, 동중서, 사마천의 경우는 그 역사관이 인의대일통(仁義大一統)이라는 큰 측면 에서 같은 접근방법이므로 논의의 편의상 이 책에서는 함께 다루었 다. 비코와 헤르더의 경우, 슈펭글러와 토인비의 경우도 각각 계몽사 관, 문명사관이라는 큰 틀에서 함께 다루었다. 칸트의 경우도 계몽사 관에 속하지만, 역사발전의 원동력으로서 비사교적 사교성을 제시하 는 등 독특한 면들이 엿보이므로 별도로 다루었다. 물론, 헤겔과 마 르크스의 경우도 변증법의 적용이라는 측면에서는 같으나 세부적으 로 들어가면 그 차이가 매우 크므로 편의상 별개의 장으로 나누었다. 과거 사실을 있는 그대로(wie es eigentlich gewesen ist) 조사하려는 실증적인 방법을 강조한 랑케의 사관도 살폈다.

이런 관점에서 제3부는 제7장 공자·동중서·사마천의 인의대일통 사상, 8장 비코의 경험중심 역사관과 헤르더의 이신론, 9장 칸트의 계몽사관, 10장 헤겔의 자유와 필연, 그리고 국가관, 11장 마르크스의 유물사관, 12장 랑케의 실증사관, 13장 슈펭글러·토인비의 문명사관 으로 나누어 서술했다.

14장에서는 한국에서의 민족주의 사학(민족사관)을 다뤘다. 이를 구체화하기 위해, 박은식의 국혼론(國魂論)과 신채호·정인보의 민족 자주사관, 안재홍의 신민족주의론과 문일평의 국사대중화 노력, 최 남선의 불함문화론에 나타난 민족문화사관, 홍이섭의 민족자주사관

8

과 이기백의 한국사신론으로 나누어 살폈다.

한국의 경우, 이런 민족사관은 다른 사관들에 비해 비교적 먼저 싹튼 사관이면서 영향력 있는 사관이기도 하다. 한국의 경우는 실증사관도 유물사관도 민족사관과 직접·간접적인 관련을 맺으면서 형성되었다. 물론, 이들 두 사관들은 앞으로 필자의 더욱 세심한 연구가 필요한 과제들이기도 하여, 본 저서에서는 다루지 않았다. 맨 마지막으로 후기에서 다룬 '민족사관, 통일사관 및 통일문제'는, 아직도 국토가 분단된 아픔을 안고서 살아가는 이 시대의 한 사람으로서, 필자의 견해를 서술한 그런 부분이다.

이 책을 출판하면서 다음의 분들에게 큰 고마움을 느낀다. 우선, 필자가 대학 재학시절에 역사철학 강의나 관련된 강의를 해 주신 선생님들과 필자가 교직에 있는 동안 필자의 역사철학 강의를 수강하면서 필자가 미처 알거나 깨닫지 못했던 여러 가지 점들을 일깨워 주었던 학생들에게 말이다. 아울러 필자가 그 동안 모아둔 역사철학과 관련된 자료들을 이처럼 한 권의 책으로 엮어 출판할 수 있도록 권고하고 인도해 준 서광사 김신혁 사장님, 김찬우 부장님, 그리고 교정을 보느라 수고하신 최옥경씨께 말이다.

안 건 훈

차례

10

제I부 역사와 역사서술

여러 가지 질문유형 가운데서도 '무엇'이라는 질문이 가장 근본적인 질문이다. 역사가 무엇인지를 규명하기 위해서는 어원적인 분석도 필요하겠고, 다른 학문과의 비교도 필요하겠다. 제1장에서는 특히 과학과의 유사성과 차이성 비교에 그 무게를 두면서 살펴 보려한다.

한편, 역사서술을 어떻게 할 것인지는 역사란 무엇인지에 관한 질문에 대해 어느 정도 답변이 이루어진 상태에서 논의될 문제다. 역사에서 발생한 사건들에 관한 정확한 기술에 그 무게를 두어야 하는지, 아니면 평가에 더 무게를 두어야 하는지 말이다. 아울러 역사에도 법칙이 있는지, 있다면 그 법칙은 자연법칙과는 어떤 유사성과 차이성이 있는지도 살펴볼 문제다.

역사에서 다루는 대상도 어디에 그 초점을 둘 것인지가 문제시된다. 중앙정부나 시·도 수준에서 이루어지는 정책이나 제도들에 둘 것인지, 아니면 구체적으로 생활하는 일상인들의 생생한 삶의 모습 속에서 역사의 흐름을 찾아야 할 것인지 말이다.

제1부에서는 이런 점들에 유념하면서 서술하겠다. 특히 이런 문제들은 20세기에 접어들어 그 논의가 활발하게 전개되어 오는 경향이기도 하다.

제1장 역사, 사실, 역사가

1.1 문제제기 : 역사철학이란?[1]

역사철학자는 과학철학자가 과학을 연구하는 것과 마찬가지로 여러 면에서 역사를 연구한다. 사람들은 역사란 무엇인지를, 예컨대 역사가들이 과거의 사건을 해석하거나 역사에서의 경향을 발견하는 일이 역사에서 절대 필요한 것인지를 물을 수도 있다. 일반적으로 역사가들은 사건들과 사람의 행위를 설명하려 하며, 이런 연유로 역사에서의 설명은 과학에서의 설명이 그래왔던 것처럼 철학자들로부터 주목을 받아 왔다. 역사에서의 설명은 인과적인 설명인가? 역사에서의 설명을 위하여 요청되는 것들은 과학에서의 그런 것들과 다른가, 같은가?

역사연구의 대상들은 주로 사람들에게 영향을 줄 수 있는 사람의 행위와 사건들이다. 이런 사실은 과학에서 추구되는 설명유형일반과는 어떤 관련이 있을까? 사람의 행위에 대하여 이유를 제시하는 설명은 원인도 제시하는가? '이유-행위'의 관계는 '원인-결과' 관계와는

---

[1] 이 부분은 S. Gorovitz, M. Hintikka, D. Provence, R. G. Williams(1979)가 지은 책인 *Philosophical analysis* (New York : Random House) 가운데, 'Philosophy of history' (186~188면)부분을 우리말로 옮겨 정리한 것이다.

어떤 유사점과 차이점이 있는가? 행위가 그 이유를 함축하다는 것은 충분한 설명인가? 역사에서 '법칙'이라는 개념이 하는 역할은 무엇인가? 도대체 역사에도 법칙이 있는가? 역사법칙에 대한 기준은 과학에서의 자연법칙에 대한 기준과 같은가, 다른가? 예컨대, 굶주린 사람이 혁명에 마음을 쏟는다는 사실은 역사법칙이 될 수 있는가?

철학자는 역사에서의 여러 증거들이 예측을 위한 증거 역할도 하는지 탐구할 수도 있다. 인간의 역사에서 이루어지는 사건의 예측에 관한 논리형식은 자연현상에서 행해지는 예측에 관한 논리형식과 유사한가? 역사가의 방법은 과학자의 방법과는 여러 가지 면에서 다른 면들이 있다고 주장하는 사람들도 있다. '역사란 무엇인가?'라고 묻는 것은 부분적으로는 역사는 과학인지의 여부를 묻는 것이라는 점이다. 역사와 과학 간의 차이란 지식의 원천으로서 역사의 특성에 관해 의심을 품는 것에서 유래한 것인가, 아니면 그런 차이점들은 단지 서로 다른 주제로부터 유래하는 산물에 불과한가?

어떤 것이 좋은 증거나 이유인지에 관한 질문은 철학사를 통해 반복되고 있으며, 역사철학의 경우도 예외가 아니다. 역사가들은 종종 역사에 관한 이론을 과거를 설명하기 위하여 제공하곤 하는바, 여기서 이론들이란, 과거의 사건들에서 나타나는 경향을 보여주기 위한 것이라고 일컬을 수도 있다. 그러나 만일 두 이론들이 갈등을 일으킨다면, 둘 가운데 어느 하나를 택할 증거는 무엇인가? 과거 그 자체가 증거를 제공하는가? 과거의 사건들은 원칙적으로 관찰될 수 없다. 그런 사건들은 이미 발생한 것이다. 그래서 역사철학자는 인식론자와 더불어 과거에 관한 지식이 가능한지, 어떻게 가능한지의 여부에 관해 관심을 갖게 된다. 기억이 우리에게 과거에 관한 증거를 제공하는가? 하지만 발생하지 않은 어떤 것을 기억하고 있다는 사실은 기억으로부터 유래하는 증거를 무용지물로 하지 않는가? 이처럼 계속 이어지는 질문들은 우리들로 하여금 역사와 역사철학에 관심을 지니게 한다.

1.2 '역사'와 '철학'이라는 말의 뜻

역사(歷史. history)란 어원적으로 보면 'His story'에서 유래했다고 말하기도 한다. 여기서 His는 하나님을 가리킨다. 곧 하나님의 이야기란 뜻이다. 하나님이 이 세상을 엮어 나가는 이야기라는 뜻이 되겠다. 아무튼 이처럼 역사란 이야기(story)와 깊은 관련을 맺고 있다. 독일어에서도 역사를 가리키는 'die Geschichte'는 '일어난다'(geschehen)라는 동사에서 온 것으로, 과거에 일어난 사건들을 기술한 이야기가 발전한 것이다. 그래서 역사라는 말에는 아래와 같은 두 가지 의미가 있음을 알 수 있다.

(i) 이미 지난 과거에 속하는 인간세계에서 일어난 사건들을 가리킨다.
(ii) 쓰여진 역사(역사서술)를 가리킨다.

한편, 역사는 '탐구'라는 말의 뜻을 지닌 그리스 어인 'historia'에서 유래하였다고도 한다.>2 그래서 역사의 원래의 의미는 '조사', '문

>2 역사의 아버지라고 흔히 일컬어지는 헤로도투스(Herodotus)는 그리스와 페르시아가 전쟁을 하게 된 이유를 밝히기 위해 《역사》(Historiai)라는 책을 썼는데, 'Historiai'라는 말은 '탐구'라는 뜻이다. 역사에 관한 관심은 이처럼 고대 그리스까지 거슬러 올라간다. 밀레토스(Miletos) 학파의 헤카태우스(Hekataeus)가 사가(史家)를 산문 서술가, 곧 Logograph라 함으로써 역사 서술의 대상이 Prosa의 서술, 다시 말하면 Logos의 서술이라 하게 되었고, 이 Logos라는 말이 후에 '역사' 또는 '연구'라는 뜻의 εστορία(Historia)가 되었으며, 마침내 헤로도투스가 자신의 저서를

의', '탐구'라고 하기도 한다. '역사'라고 하는 현재의 좁은 의미를
지니기 전, 상당 기간 동안 이 단어는 주제와는 관계없이 설명과 이
해를 위한 '탐구'를 의미했다(Finley, 1987, 5면).

그러나 과거에 일어난 무수한 사건이 모두 역사지식이 될 수는 없
다. 기록된 문서가 역사의 중심을 이루지만, 진정한 의미의 역사적
사실은 역사가의 평가 작용인 '선택하는 눈'에 의해 많이 좌우된다.
그래서 역사는 '사실(事實)에 기본해 있기는 하나, 널리 인정되고 있
는 몇 가지 판단들의 묶음'이나 이런 것을 향한 탐구라 할 수 있다.

한편, 철학(哲學. philosophy)이란 개념은 그 어원으로 보면
'philos'와 'sophia'의 합성어에서 유래했다. 'philos'는 'eros'와
동의어로 '사랑한다'라는 뜻>3이고, 'sophia'는 '지혜'을 가리키는
말이다. 그러므로 철학이란 '지혜에 대한 사랑'이란 뜻이다. 경우에
따라서는 지혜에 대한 사랑을 통해 얻어진 체계적인 모든 지식을 가
리키기도 한다. 지혜나 지식을 사랑하다보면 그런 것을 더 확실하게
알게 되므로 결국은 '확실성에 관한 탐구'로 철학은 이어지며, 그 결
과 지혜나 지식에 관해 더 밝게 알게도 된다. 그래서 그리스어에서
유래한 영어인 'philosophy'를 한자로는 '밝을 철(哲)', '배울 학

Historia로 부르게 됨으로써 오늘날의 '역사'가 되었다고 한다. 그러나 Logos와 Historia가 현실에
속하지 아니하고 환상에 속하며 문학이 주 역할을 하였다(백승균, 1985, 38면).
>3 에로스(eros)는 고대 그리스에서는 주로 사랑의 신으로 여겨졌다. 그러나 그 유래는 다양하다.
한 예를 든다면, 그리스 신화의 최고신인 제우스(Zeus. 로마 신화에서는 Jupiter)와 그의 부인인 디
오네는 아프로디테(Aphrodite. 로마 신화에서는 Venus에 해당. 아름다움과 사랑의 여신)라는 딸
을 낳았고, 아프로디테는 에로스를 낳았다. 요컨대, 제우스의 손자다. 한편, 플라톤(Plato)의 저작
가운데《잔치》(symposium)에 나오는 우화(寓話)에 의하면, 에로스는 포로스(poros)라는 충족(充
足)하고 풍요(豊饒)로운 남신(男神)과, 페니아(penia)라는 결핍(缺乏)과 빈곤(貧困)의 여신 사이에
태어난 사랑의 남신으로, 항상 더 확실한 것, 완전한 것(진, 선, 미 등)을 갈망하면서 추구하는 성격
의 소유자이다.

(學)'으로 표기하며, 우리말로는 철학으로 옮겨서 사용한다.

그렇다면 역사철학은 역사에 관한 지혜나 지식을 사랑하면서, 역사에 관해 보다 확실하게 탐구하는 학문이라 하겠다.

1.3 역사가와 사실[4]

역사에서 '있는 그대로의 과거'를 그려낸다는 것은 몹시 힘든 일이다. 예를 들어 각 민족이 그 민족사의 기원을 신화에서 시작할 때 그리스 인은 제우스(Zeus)신을, 로마 인은 로물루스(Romulus)와 레무스(Remus)를, 유태인은 천지창조와 아울러 인류의 조상 아담(Adam)과 이브(Eve)를 각각 그 시원(始源)에 놓았다. 우리나라도 역사의 처음에 단군(檀君), 환웅(桓雄) 등이 기록되어 있다. 이러한 신화적 세계관이 각 민족사의 출발점이 되고 있는데, 이는 '사실로서의 과거'에 대한 인식과는 거리가 있다.

그러면 신화적인 세계관 속에서 쓰여진 것이 아니라, 인간이 기록으로 써서 남긴 역사에는 어떤 것들이 있는가? 옛날 역사책에는 이야기의 흥미를 중심으로 쓰여진 것이 많고, 어떤 교훈적인 동기에서 쓰여진 것이 대부분이다. 그리스의 호메로스(Homeros)가 B.C. 8세기경에 쓴 서사시(敍事詩)체의 사시(史詩)인 《일리아드》(Iliad)와 《오딧세이》(Odyssey)[5], 우리나라의 《삼국사기》, 《삼국유사》, 《제왕운기》

---

[4] 이 부분은 최동희·김영철·신일철(1972)이 지은 「철학」(서울: 일신사) 가운데 '철학과 사실숭배'(254~255면) 부분을 주로 참조했으며, 각주는 필자가 첨부하였음을 밝힌다.

[5] 《일리아드》와 《오딧세이》는 둘 다 1만행 이상의 긴 서사시로 전자는 아킬레우스, 후자는 오디세우스(Odysseus; Ulysses)를 각각 그 주인공으로 하며, 트로이(Troy) 전쟁과 그 후일담을 그 내용으로 한다. 전자는 10년에 걸친 트로이 전쟁 기간 가운데 특히 중요한 50일 동안의 사건을 묘사한 것으로 모두 24권으로 이루어져 있다. 한편, 후자에서는 용기와 지모(智謨)가 뛰어난 오디세우스 —

등>6 도 대개 이야기로서의 역사의 성격을 다분히 내포하고 있다. 중
국의 사마천(史馬遷)이 쓴《사기》(史記) 또한 한(漢)의 고조(高祖)인
유방(劉邦)이 초(楚)나라의 항우(項羽)와 싸워 천하를 통일한 이야기
를 적고 있다. 고려 고종 때 이승휴(李承休)가 지은《제왕운기》도 우
리나라와 중국의 역대 사적을 서사시체로 쓴 역사책이다.

　　교훈적인 의미를 가지고 쓰여진 것은 사감(史鑑)이라고 해서 후세
의 정치가나 교육자가 거울에 비추어보아 생활과 정치의 지침으로
삼았다. 중국 송(宋)대에 만들어진 「자치통감」은 그 책제목이 말해주
듯이 '정치에 도움이 되는 참고서'가 되도록 꾸민 것이요, 치국자(治
國者)에게 참고되는 사실만을 골라 쓴 교훈적인 의의를 지닌 것이다.
우리나라에도 조선시대에 펴낸《동국통감》,《국조보감》등>7이 모두
교과서적인 사감이었다고 할 수 있다.

이타카(Ithaka)라는 작은 섬나라의 왕이며 장군 — 가 트로야(Troja) 전쟁에서 목마지계(木馬之計)
를 써서 성을 함락시킨 후 고향에 돌아가는 길에, 해상(海上)에서 10년 동안 표류하면서 여러 가지 ,
해상의 모험을 겪고 돌아와서 아내 페넬로페이아에게 구혼한 자들을 물리쳐 승리하는 내용으로 되어
있다.

>6　고려 인종 23년(1145)에 왕명으로 김부식(金富軾)이 편찬한《삼국사기》(三國史記)가 우리나
라에서 현존하는 가장 오래된 사서(史書)이다.《삼국사기》는 고려 초에 편찬되었던《구삼국사》(舊三
國史) 등의 고유한 사료(史料)와 중국의 사서 등을 참조하여 귀족의 처지에서 유교적인 사관으로 엮
은 기전체(紀傳體)의 정사(正史)였다. 한편, 고려 충렬왕 때에 일연이 지은《삼국유사》(三國遺事)와,
고종 때 이승휴가 지은《제왕운기》(帝王韻紀)는 모두 우리나라의 역사를 단군(檀君)으로부터 시작하
고 있는 것이 특색이다. 원(元)나라와의 관계에서 일어나는 민족적인 고민이 단일 민족으로서의 자
각과 민족의 시조(始祖)에 대한 관념을 강하게 만든 것으로 여겨진다. 고대의 전승을 존중하는 회고
적인 처지에서 쓴 것이 또 하나의 특색이기도 하다. 그 결과 이런 책들은《삼국사기》가 버린 사료들
을 많이 수록하여 귀중히 여겨지고 있다(이기백, 2000, 189~190면).

>7　《동국통감》(東國通鑑)은 조선 세조의 명으로, 1463년 최항들이 시작해, 성종 15년(1484)년
서거정 들이 완성해 펴낸, 고조선부터 고려 공양왕까지의 사실을 적은 역사책으로, 56권 26책으로
이루어져 있다. 한편, 《국조보감》(國朝寶鑑)은 조선시대에 역대 임금의 뛰어난 치적을 적은 책이다.
세조 때 신숙주 들이 편집한 태조, 태종, 세종 문종의 사조보감을 비롯하여, 철종에 이르기까지 역조
의 보감이 있다(한글학회, 1997, 480면; 1101면).

물론, 역사는 과거의 사실을 있는 그대로 기술하려는 것이 기본적인 태도이다. 고대 중국의 경우, B.C. 1세기경에 쓰여진 사마천의 《사기》도 춘추직필(春秋直筆)이라는 목표아래 역대왕조의 정식(正式)의 역사—정사(正史)—를 서술했다. 한편, 유럽의 경우는 17, 8세기에 근대적인 과학적 역사학이 비롯되었다고 할 수 있다. 이런 경향은 그 후 실증주의적인 역사학에서 전형적으로 나타났다. 역사가는 문서사료에 나타난 사실(史實) 이외에는 아무 것도 말할 수 없다는 것이다. 19세기 유럽의 경우, 주류를 이룬 역사관에서는 역사의 의미를 하나님의 뜻을 나타내는 명백한 것으로 간주했다. 관념적인 역사철학 없이도 역사의 조화로운 의미를 잃지 않을 수 있다는 주장도 나타났다. 이런 견해들이 바로 19세기에 사실숭배의 조류를 형성하게 되었다. 역사가는 문서사료에 나타난 사실(史實) 이외에는 아무 것도 말할 수 없다는 것이다. 여하튼 근대의 과학적 역사학이 경건한 마음으로 사실을 그대로 기술하려는 태도를 강조한 것은 우선 그 실증성이라는 측면에서 높이 평가되어야 한다.

근대 역사학의 시조라고도 일컬어지곤 하는 랑케(Leopold von Ranke. 1795~1886)에 의하면, 각 국가는 정신적인 실체인 하나님의 사상을 나타낸다. 랑케사학은 과거사실을 있는 그대로(wie es eigentlich gewesen ist) 조사하려는 실증적인 방법과, 개별성과 특수성이 지닌 가치를 중시하는 접근 자세를 취하는 가운데 이루어졌다(임희완, 2003, 101면). 그러나 역사의 단위를 국민국가에 그 초점을 두면서, 유럽을 중심으로 한 세계사에 머문 그의 사관은, 국가적인 이기주의와 유럽중심의 세계사로부터의 탈피를 주장하는 견해를 낳게 되는 결과를 초래했다. 아울러 과거에 무엇이 발생했는지 아는 데 무게를 둔 '과거를 알기위한 역사'에서, '현재를 살기위한 역사'로 그 방향을 전환해야 했다(101면; 노명식, 1985, 10~25면).

요컨대, 개별성과 특수성을 중시하면서 국민국가나 유럽중심의 세계사에 기울어진 랑케의 태도는 문제점도 있으나, 사실을 무엇보다도 중시한 그의 견해는 그 나름대로 높이 평가할 만하다. 그는 이야기나 전설에 의한 역사서술 방법의 문제점을 지적함과 더불어, 자료나 문헌을 기초로 한 객관적·과학적인 서술을 강조하면서 역사의 실증성을 내세웠기 때문이다. 아무튼 이로 인해 그는 소위 랑케 학파의 원조로서, 실증사학을 대표하는 사람이 되었다. 랑케의 실증사관에 관해선 제3부에서 더욱 상세히 언급된다.

1.4 현재와 과거의 대화 : E. H. 카아(Carr)의 역사정의

20세기 초에 이탈리아의 크로체(Benedetto Croce. 1866~1952)는 '모든 역사는 현대사이다'라고 말해 당시 사실을 중시하던 사학자들을 매우 놀라게 했다. 크로체의 이런 주장은 역사란 현재의 눈을 통해, 현재의 문제에 비추어 과거를 보는 데서 성립된다는 것이며, 역사가의 주된 일은 '기록'하는 것이 아니라 '평가'하는 일이라는 말이다. 결국 역사는 역사가가 창조하는 것이며, 그로 인해 역사가의 평가기준이 항상 문제가 됨을 지적한 말이다.

영국의 대표적인 역사철학자 가운데 한 사람인 콜링우드(Robin George Collingwood. 1889~1943)도 크로체의 이런 역사철학을 계승해서 '어떤 역사가가 연구하는 과거는 죽은 과거가 아니라 어떤 의미에 있어서는 아직도 현재에 살아있는 과거이다'라고 했다. 과거의 사건들, 그것만으로는 참다운 역사가 되지 못한다. 역사가는 그 배후에 있는 사상을 이해해야 하며, 그렇지 않은 과거는 죽은 것으로 아무런 의미가 없다. 그는 "모든 역사는 사상의 역사이다"(Carr, 1970, 22면)라고 보면서, "역사란 역사가가 연구하는 사람들의 사상은 자신의 마음속에 재현한 것이다"(22면)라고 했다. 이처럼 역사가의 마음속에서 '과거의 재구성'이, 곧 사실의 선택과 해석을 지배하게 된다.

카아에 의해 소개된 콜링우드의 사관을 요약하면 다음과 같다.

(i) 역사상의 사실은 순수한 형식으로 존재하는 것이 아니라, 항상 기록자의 마음을 통해 굴절된다.

(ii) 역사가는 자기가 연구하는 사람들의 마음과 그들의 행위의 배후에 있는 사상을 '상상(想像)해서 이해'할 필요가 있다.

(iii) 현재의 눈을 통해서만 우리는 과거를 볼 수 있고 과거에 대한 이해도 할 수 있다.(22~25면)

그러나 이상과 같은 콜링우드의 사관에는 몇 가지 난점이 있는데, 먼저 현재의 눈을 통해서만 역사를 바라본다면 역사는 결국 역사가의 마음의 주관적인 산물에 불과하게 된다. 그러므로 우리는 역사가의 현재의 눈과 과거 사실과의 평등적인 상호관계를 인정해야 하고, 현재뿐만 아니라 과거도 평등적으로 서로 관계하는 다시 말해 현재와 과거의 끊임없는 상호연관성도 인정해야 한다.

그래서 '역사란 무엇인가?'에 대한 카아(E. H. Carr)의 대답은 다음과 같은 주장으로 나타나게 되었다. "역사란 것은 역사가와 그가 접하는 사실 사이에 이루어지는 계속적인 상호관계의 과정이요, 현재와 과거 사이에 이루어지는 끊임없는 대화이다"(30면).[8]

---

[8] 카아는 그가 지은 책(1970)인 *What is history?* (Penguin Books)에서 다음과 같이 말하고

1.5 미시사와 거시사

역사에서의 사건들을 서술할 경우는 그 대상을 어디에다 둘 것인가에 따라 크게 거시사와 미시사로 나누어 정리되기도 한다. 물론 거시사(巨視史)와 미시사(微視史)의 구분은 밀접한 관련이 있으며, 그 차이도 이분법적인 차이라기보다는 정도 차이에 기인한다. 거시사는 정치, 경제, 사회적인 환경을 중시하면서 국가나 민족, 시·도 수준의 역사를 주로 다루는 경향이 있다. 거시사는 거시분석(macro historical level analysis)에 의한 역사서술을 함의한다. 이런 분석에서는 역사가들이 다루려는 제도들이 어떻게 변화되어 왔는지에 주로 그 초점을 둔다. 이 접근방법을 주장하는 사람들은 역사를 파악하기 위해서는 무엇보다도 역사를 이루는 큰 틀과 힘을 알아야 한다고 본다. 그들은 연방정부나 중앙정부와 같은 중앙행정기관의 역할, 주(州)나 도(道)의 역할이 어떻게 변화되어 왔는지에 관심을 둔다. 이런 접근방법에서는 제도나 중앙행정기관이나 지방정부의 시각, 조치, 변화들을 중요시하면서 다룬다. 이런 시각, 조치, 변화는 당시의 사회, 경제, 정치상황과 밀접하게 관련되어 있다. 그러므로 거시분석에 의한 접근방법은 정치·경제적인 상황이나 사회·경제적인 상황과의 관련을 중시하게 된다. 거시분석에 의한 접근방법은 이제까지 전해오는 전통적인 역사연구방법과 그 맥을 같이 한다. 각국의 역사관련 서적은 대체로 이런 경향을 띠고 있다. 우리나라의 경우도 예외라고 할 수

있다.

"My first answer therefore to the question 'What is history?' is that it is a continuous process of interaction between the historian and his facts, an unending dialogue between the present and the past" (30면).

없다(안건훈, 1999, 2면).

반면에, 미시사는 개인들의 구체적인 삶과 그에 관한 이야기에 관심을 둔다. 미시사는 미시분석(micro historical level analysis)에 의한 역사서술을 함의한다. 미시분석에 의한 역사연구는 주어진 제도나 상황에서 실제로 활동했던 개인들이나 집단들을 주로 다룬다. 이 연구방법은 국민들이 제도나 환경의 변화에 어떻게 반응했는지, 그들이 주어진 제도나 환경을 바꾸기 위해 어떤 노력을 구체적으로 기울였는지를 다룬다. 거시분석에 의한 연구방법이 국가나 주·도 수준과 관련된 것이라면, 미시분석에 의한 방법은 각급 지역사회, 공동사회, 각급단체, 개인과 관련된 연구이기도 하다. 개인들의 구체적이고도 실제적인 생생한 삶을 다룬다(2~3면). 역사의 흐름 속에서 사람들이 실제로 경험했던 것 가운데, 중요하다고 평가되는 것들을 발굴하여 전체적으로 보다 완성된 역사서술을 하자는 것이다(14면).

거시분석을 숲에 비유한다면 후자는 숲 속에 서 있는 나무와 같다. 역사서술에서 거시분석에 의한 방법은 미시분석에 의한 것보다 수월한 측면도 있다. 왜냐하면 전자와 같은 방법으로 연구하는 사람들은 도서관, 지방정부나 중앙정부 등으로부터 관련된 자료들을 더 수월하게 모을 수 있기 때문이다. 사람들은 전자와 같은 접근방법을 통해 역사와 관련된 일들을 보다 체계적으로 서술할 수 있다. 그러나 그런 방법은 주어진 제도 속에서 실제로 활동했던 사람들의 노력이나 행위를 구체적으로 서술하는 데는 적절하지 않다(3면). 대부분의 경우에는 거시분석이 역사연구를 위해 흔히 채택된다. 하지만 역사의 정확성, 역동성, 그리고 구체성을 알기 위해서는 미시분석이 더 효과적이다(14면).

거시분석에 의한 거시사가 위로부터의 역사라고 한다면, 미시분석에 의한 미시사는 아래로부터의 역사라고 할 수 있다. 역사의 흐름 속에서 생활했지만 거시사에 의해 묻혀버렸던 민중들(grass roots)의 삶의 모습을 들춰내, 그들이 어떻게 생각하면서 살았는지를 통해 그 시대의 역사를 보다 정확하게 밝혀 나가자는 것이다. 개인들의 구체적인 삶을 이야기하되, 그것을 통해 사회를 이해하고 과거의 사회관, 국가관, 세계관 들을 추적해 보려는 그런 시도이기도 하다. 미시사는 개인들의 구체적인 삶에 초점을 두다보니 이야기체로써 서술되기도 쉽다. 그래서 거시적인 역사의 흐름에 소홀할 수도 있다. 그러나 미시분석은 거시분석에서 소홀히 하기 쉬운 부분을 채워주는 역할을 함으로써, 불완전한 역사를 보다 완전하게 보충해 준다. 거시분석에 의한 접근법이 삼림이나 숲을 보는 방법이라 한다면, 미시분석은 삼림이나 숲을 구성하는 나무들을 보는 방법에 비유될 수 있다. 숲은 보면서 그 숲을 구체적으로 구성하는 나무들에 관해선 알지 못하는 것이 문제가 있듯이, 나무들에 관해선 알지만 그런 나무들이 들어선 숲의 전체적인 모습에 관해선 모른다는 것도 문제가 있다. 요컨대, 거시분석과 미시분석은 상호보완관계에 있다.

제2장 역사는 과학인가?

2.1 역사와 과학의 유사점과 차이점[9]

'역사는 과학인가'에 관해 논의하려면, '그 과학은 어떤 과학관을 기준으로 삼아 채택된 것인가'라는 의문도 뒤따르기 마련이다. 과학이란 개념은 역사라는 개념 못지않게 다의적이다. 그래서 역사와 과학이 지니는 유사성이나 차이성의 폭도 그런 개념들이 지니는 의미의 차이에 따라 증감된다는 점에 유념할 필요가 있다. 여기서는 역사와 과학의 유사성과 차이성에 관해 관심을 지니면서 글을 써 오곤 했던, 백비(Philip Bagby)의 견해를 들어 살펴보기로 한다. 그에 의하면 역사가의 방법과 목적은 다음의 4가지로 요약된다.

① 정확한 정보(accurate information)
② 인과 설명(causal explanation)
③ 역사가의 문학자(literary artist)로서의 역할
④ 도덕적인 비전(moral vision)

---

[9] 이 부분은 신일철(1980)이 쓴 「역사 ―역사의 인식론적 성격―」(최동희 외. 156~158면)을 참조한 것이다.

위에서 제시된 4가지 특징 가운데, 백비는 역사가의 목적과 역할이 과학자의 그것과 공통되는 것으로 ①과 ②를 들고, 차이가 나는 것으로 ③과 ④를 제시했다. 이처럼 역사가도 역사서술에 있어 먼저 정확한 정보를 추구하면서, 고대로부터 오늘에 이르기까지 '기록해 둘만한 사건들의 정확한 서술'에 힘쓰는 것을 역사가의 방법으로 삼는다(최동희외, 1980, 156면).

아울러 역사가들도 과학자들처럼 사건들 사이에 이루어지는 인과관계를 구명하려 한다. 역사가들도 일반화와 법칙에 의한 인과 설명을 추구한다는 점이다. 역사가는 그 기술(記述)에 있어 정보의 정확성 이외에 선택작용이 필요하고, 다시 인과성을 띤 보편적인 경험명제에 의해 그런 정보에 대해 설명을 해야 한다. 이런 점에서는 역사도 과학과 비슷하다. 백비는 역사에서 나타나는 사건들의 일회성이나 특수성에 대해 회의적이다. 만일 역사가가 그런 일회성이나 특수성에 사로 잡혀 있을 때는 설명을 하기 어렵기 때문이다. 이제까지의 논의에서 살펴보았듯이, 백비는 역사와 과학에서 드러나는 서로 다른 특성을 강조하거나 인정하려 하지 않고, 오히려 역사가도 과학과 같이 일반화와 그 법칙에 의해 인과 설명을 한다는 처지에 서 있다. 그러나 그가 역사와 과학에서 드러나는 차이점으로 제시한 것은 역사서술의 이야기체(narrative)나 이야기(story)로서의 성격이다. 역사가는 독자들에게 흥미를 주기 위한 목적을 지닌 문학자로서의 특성도 지니므로, 이런 점에서 역사는 문학이기도 하다는 점이다(157면).

과학적인 역사학을 강하게 주장한 베리(J. B. Bury)는 사실에 대해 문학적인 옷(literary dress)을 입히는 것을 거부한 반면에, 백비는 역사서술의 위대한 전통 속에서는 위대한 역사가가 동시에 문학자이기도 했음을 부인할 수 없다고 했다. 역사서술이 그 시대의 사상적인 풍토를 반영해 온 점도 무시할 수 없다. 역사가들은 정치적·사회적·종교적인 개혁운동을 위해 역사서술을 해 왔으므로, 역사에서 그런 부류의 역사서술들을 제외할 수 없다는 것이 백비의 견해이다(157면).

　백비는 역사서술의 특성에 대해, 역사서술이란 역사가의 주관성과 현재성 때문에, 순수한 논리적인 지식이나 경험적인 자연과학과는 다른 분야에 속한다고 했다. 이런 맥락에서 백비는 역사서술을 '준 합리적 활동'(semi-rational activity)이라고 규정했다. 물론, 백비의 이런 자세는 인식론적인 성격상 역사는 과학과 전혀 다르다고 한 것도 아니고, 역사서술의 독창성만을 옹호하려 한 것도 아니다. 다만 오늘날 많은 학문들이 경험과학으로 분화(分化) 발전되는 추세에 비추어, 역사는 아직 철학에서 완전히 벗어나 독립하지는 못했다는 점을 부각시키면서, '준 합리적 활동'으로 규정하려는 데 있었다. 미국의 역사가 쉴레진저(Arthur M. Schlesinger Jr.)도 그의 논문인 「예술가로서의 역사가」(The historian as artist)에서, 역사에서 추구하는 방법을 자연과학에서 추구하는 방법과 비교하면서, 과학자는 자기가 펼치는 이론을 실험을 통해 증명할 수 있지만, 역사가는 그렇게 할 수 없다는 점을 들어 역사가 지니는 특성을 제시했다. 이어서 과학의 가치가 예측성(predictability)에 있다면 역사는 그런 것을 하기 힘들다고 했다. 역사가는 과학에서와 같이 일반법칙에 의한 인과적인 설명도 하기 힘들다. 기껏해야 헴펠(C. G. Hempel)이 말하듯 준법칙문(law like sentence)에 의한 설명에 만족해야 한다(157~158면).

　이런 논의를 통해 한 가지 명백해진 점은 역사서술이 이야기로서의 문학과, 일반화 및 인과 설명에 기초한 과학의 중간에 위치해 있다는 점이다. 그러나 현대의 역사학이 과학과의 협력에 의해 과학과 거리를 좁혀가고 있다는 점도 부인할 수 없다. 오늘날에 와서는 역사

서술에 있어서도 일반 독자들을 위한 일반사(一般史)와, 전문가나 학
계를 그 독자로 하는 전문적인 역사의 거리가 점차 넓어져, 후자에서
는 역사서술이 경험과학과 거의 같은 수준에까지 이르고 있어, 때로
는 사회과학과 역사학의 경계가 애매해지는 것도 사실이다.

그러나 역사서술의 전통으로 볼 때, 역사를 경험과학이라고 일컫
기에는 어려움이 있다. 물론, 역사의 객관성이 과학의 장점인 검증성
에 근거해 드높여질 수 있음은 사실이다. 아울러, 역사가는 그렇게
해서 얻어진 자료에 대한 평가 작용, 나아가서는 종합적인 통찰에 의
해 역사해석도 가한다. 뿐만 아니라 역사에서의 사건들은 경험과학
처럼 법칙에 의해 설명되기 힘든 것도 많다. 과학에서 찾아보기 힘든
문학적인 전통도 역사에서는 필요하다. 이런 측면에서 본다면, 역사
서술을 위해서는 역사를 과학의 범주에 포함시키기보다는, 역사에
과학의 장점들을 수용하면서 한 차원 더 질적으로 고양된 변화를 추
구하는 것이 필요하다.

2.2 역사에서의 설명 논리[10]

20세기 초에 역사의 과학성을 놓고 벌어진 대표적인 논전으로는
케임브리지 대학의 베리(J. B. Bury)와 트레벨리안(G. M. Trevelyan)
간의 논쟁을 들 수 있다. 베리는 '역사의 과학성'(The science of his-
tory)을 옹호하면서 "역사는 과학이다. 그것은 그 이상도 그 이하도
아니다"라고 주장했다. 베리는 역사에서의 사실이나 사건들을 객관
적으로 탐색할 수 있는 기술이 크게 발전된 데 힘입어, 역사가들이

>10 이 부분은 신일철(1980)이 쓴 「역사적 설명의 논리」(최동희 외. 158~164면)를 참조한 것
이다.

그들의 연구결과에 대해 과학성을 내세울 수 있게 되었다는 것, 곧 과거에 대해 정확하게 설명할 능력이 있다는 것을 확신하면서 자기의 견해를 적극적으로 펼쳤다. 그래서 베리는 역사도 과학과 같이 사실들은 서술할 뿐만 아니라 나아가서는 그것을 설명해야 함을 강조했다. 이어서 그는 역사가란 정확한 설명만 다하면 그의 의무는 끝난다고 여기고, 그 이상의 해석상의 문제를 배제하려 했다. 베리가 역사란 과학 이하가 아닐 뿐만 아니라 그 이상도 아니라고 한 것은 바로 그런 뜻이다. 베리는 역사가 실제로 일어났던 사건들의 단순한 기록 이상의 것이어야 한다는 데 반대하면서, 역사서술의 과학성을 위해 역사를 서술함에 있어 역사가의 철학적·도덕적인 개입을 차단하려 했다. 역사학은 문학과도 결별해야 할 때가 왔으며, 역사서술에서도 이야기로서의 서술형식으로부터는 탈피해야 된다는 것이 또한 그의 주장이다. 역사연구나 역사서술에 있어, 어떤 이데올로기가 개입됨에 의해 역사가 주관성에 빠지는 것을 몹시 우려한 데서 나온 견해라 하겠다(최동희 외, 1980, 158~159면). 이처럼 철학적·도덕적인 개입이나, 문학적인 표현이 그렇듯이 주관적인 이데올로기에 근거한 역사도 그가 주장하는 과학적인 역사학이 극력 기피하는 바다.

아무튼 20세기에 들어와서 역사연구는 점차 아마추어에서 전문적으로 훈련된 전문가의 것이 되고, 역사지식도 과학지식과 같이 확실성을 추구하기 위해 실증적인 토대를 굳혀 나갔다. 아울러 역사지식도 그것이 지식으로서 추구될 때는 단순한 사실의 확정에 머물지 않고 그것을 설명하는 경향으로 짙게 나타났다. 이런 측면들에서 보면 역사는 과학과 본질적으로 동일하다. 그러나 이런 경향이 지나치면 역사는 사회과학 등 과학에로 환원되기 쉽고 역사의 독창성이나 자주성도 그만큼 엷어지게 마련이다(159면).

　역사이론가 가운데는 역사가의 임무를 단순히 사실의 확정에만 국
한시키고, 그것에 관한 설명은 거부함으로써 역사의 사회과학에로의
환원을 회피할 수 있다고 믿는 사람들도 있다. 실증사가(實證史家)들
과 역사철학자 가운데 일부 실증주의자들은 설명의 과제를 사회과학
에 위임하고, 역사가는 다만 사실적인 자료만을 다루면 그만이라는
견해를 내세우기도 한다. 역사의 독창성을 사실의 확정에서만 추구
하자는 점이다. 그러나 실제로 대부분의 역사서술에는 인과 설명이
포함되어 있고, 더 전문적인 역사서술에서는 원인에 대한 관심과 인
과 설명이 그 주된 목적이 되고 있음도 부인할 수는 없다(159면). 이
런 견해를 펴는 사람들은 인과 설명에 의한 역사서술을 언급했다는
점에서, 그들과 구별된다. 이런 견해는 헴펠(C. G. Hempel)과 같은
철학자들이 취한 자세라 하겠다. 이에 관해서는 2.4에서 더 상세하게
서술하겠다.

　반면에 과학적인 역사학의 한계를 지적한 트레벨리안은 '역사가
과학일 수 있는 측면은 기본적인 사실을 단지 입증(立證)하는 데 국
한된다'고 했다. 이처럼 그는 역사해석의 측면에서 과학적인 역사학
의 한계를 찾는다. 그러나 역사가는 사실의 입증 이외에도 그 원인을
발견하고 그것을 해석해야 한다. 특히 역사가는 전체적으로 한 시대
또는 어느 시대의 역사발전을 하나의 상(像, a picture)으로 제시하기
도 한다. 그래서 트레벨리안은 '사실의 확정'과 '사실의 구성'을 일단
구별했다. 사실 위에 하나의 구성물을 세우는 일(putting a construc-
tion on the facts)은 어떤 사실이나 사건의 확정과도 다르고, 특별한
재능을 필요로 한다고 그는 주장했다. 그에 의하면 베리가 '역사는
과학이다'라고 주장한 것은 역사가의 구성이나 해석의 역할을 무시
했기 때문에 저지른 실수라는 것이다(166면).

이처럼 베리가 역사의 과학성을 주장하면서, 사실(史實)에 문학적인 옷(literary dress)을 입히는 것을 거부한 반면에, 트레벨리안은 사실(事實)에 기초하여 하나의 구성물을 세우는 일이 역사가에게는 요청된다고 했다.

2.3 원인과 이유>11

어떤 사람들은 이유는 행위와, 원인은 결과와 각각 관련되어 있다고 주장한다. 그래서 인간의 행위나 역사에서의 사건에 관한 이해를 위해서는 행위자의 행위 이유에 의해 그것이 밝혀져야 한다는 것이다. 그렇다면 이유와 원인은 각각 어떤 특징들을 지니며, 그 관계는 어떤 것일까? 여기서는 쉐퍼(Jerome Arthur Shaffer, 1968)가 그의 저서인 《심리철학》(*Philosophy of Mind*)에서 제시한 '이유-행위'와 '원인-결과' 사이의 관계를 중심으로 살펴보기로 한다(98~104면).

첫째, 원인과 결과는 논리적으로 서로 독립적이나 이유와 행위는 그렇지 않다고 보는 경우이다. 원인과 그 결과는 한쪽의 존재 또는 비존재(nonexistence)가 다른 쪽의 존재나 비존재를 논리적으로 수반하지 않으므로 서로 독립적이지만, 행위에 대한 이유의 관계는 그렇지 않다. 곧, 행위를 하기 위한 이유이어야 하기 때문에 행위와 이유는 불가분의 관계를 지니며, 논리적으로 독립적일 수 없다. 이유의 경우, 수행된 행위에 관한 기술(記述)은 이유에서 유래하는 진술로 나타내져야 한다는 점에서, 이유와 행위는 논리적으로 독립적이지

>11 이 부분은 필자의 저서(2001)인 《과학·기술 그리고 철학》의 '제3장 인과성 분석' 가운데 '4. 원인과 이유'(85~88면)이다.

못하다. 그런 까닭에 인과적인 결합일 수 없다.

그러나 이에 대한 반론으로는 원인과 결과도 그렇게 논리적으로 독립되어 있지만은 않다는 점이다. 역(逆)으로 이유와 행위의 관계에서도 그 관계가 논리적으로 독립성을 지니는 경우가 있다. 이유는 신념이나 욕구와 관련을 맺고 있어, 어떤 이유가 있다는 것이 그 행위가 발생할 것이라는 점을 필연적으로 수반하지는 않으며, 그 역도 성립한다. '……에 대한 기대감'이나 '……에 대한 이유' 등과 용어는, 어떤 내적인 관계를 포함하는 '의도적인 개념'으로, 그것이 지시하는 행위와는 논리적으로 독립적이다.

둘째, 원인과 결과의 관계는 일반화의 사례, 다시 말해 보편적인 경험명제이나, 이유와 행위의 관계는 그렇지 않다고 보는 경우이다. 어떤 선행조건들에 의해 사건을 인과적으로 설명할 때, 우리는 선행조건이 발생할 때마다 이어서 그 사건이 발생한다고 말함으로써 원인과 결과의 관계를 일반화시킨다. 그러나 이유와 행위의 관계는 그렇지 않다. 무서우면 소리를 지르는 경우, 그 관계가 항상적 결합이지는 않다.

원인과 결과의 관계는 그것을 연결시키는 법칙이 있으나 이유와 행위의 관계는 그렇지 않다고 말하기도 한다. 원인-결과를 나타내는 진술은 반사실조건문으로 바꾸어도 참인 것으로 드러나지만, 이유-행위를 나타내는 진술은 그렇지 않은 경우가 많다. 그러나 이런 견해에 대한 문제점으로는, 비록 이유와 행위를 연결시키는 단순한 법칙(simple law)은 없다 하더라도, 복잡한 법칙들(complex laws)이 있을지도 모른다는 사실이다. 내가 어떤 행위에 관한 이유를 제시할 때, 그 내력의 일부를 제시하면 관련된 법칙이 없는 것 같지만, 좀 더 상세화시켜 전부를 제시한다면 그렇지 않다는 점이다. 반사실조건문과의 관계도 마찬가지다.

셋째, 인과관계는 귀납적인 증거를 기초로 해서만 확인될 수 있는 반면에, 행위에 대한 이유는 그런 증거 없이도 알 수 있다고 보는 경우이다. 인과관계에 관한 증거는 유사한 경험에 의해 확인될 수 있을 뿐만 아니라, 추론형식도 구성한다. 반면에 특수한 이유에서 이루어지는 행위들은 반복된 경험에 의해 확인도 할 수 없고, 타당한 추론형식도 없는 경우가 있다. 행위와 이유의 관계에서는 유사한 경우의 경험이나 이론적인 정보가 없이도 그런 행위를 하게 된 이유를 알 수 있다. 물론, 이와는 달리 생각하는 사람들도 있다. 이유에 의해 이루어진다고 하는 행위도 특별한 인과관계로 보아야 한다는 지적이 그것이다.

이제까지 세 가지 측면에서 원인-결과와 이유-행위 사이의 관계를 그 차이점을 중심으로 살펴보았다. 이들 사이의 차이점은 인과관계를 너무 좁게 해석함으로써 생길 수 있는 것이기도 하다. 그러나 원인을 19세기 물리학 교과서에 기술된 그런 유형의 의미로 더 이상 받아들일 필요는 없다는 견해도 있다. 이런 측면에서 쉐퍼(1968)는 다음과 같이 서술했다.

이유는 기계적 원인이 아니라 행위의 원인일 수 있다. 물리학에서조차도 더 이상 기계적 원인이 존재하는 유일한 원인이 아니다. 당구공이 다른 공을 움직이거나 달이 밀물과 썰물을 움직이는 그런 방식은 아닐지라도, 우리가 제시하는 이유는 우리를 움직일 수 있다(104면).

이유를 이처럼 원인 속에 포함시켜 넓게 해석하는 것은 상당히 일상 언어적인 용법이라고 할 수 있다. 이유가 행위의 원인일 수 있다는 심리적인 원인론(mental cause theory)에 따른다면, 의도적인 행위는 이유를 원인으로 삼는 사건이라 할 수 있다(104면). 이런 측면에서 본다면, 우리가 의도적으로 하는 일들에 대해 그 원인을 결부시켜 논의하는 것은 수긍이 가는 일이다. 이런 점에서는 이유-원인의 관계는 의도적인 행위의 필수조건이다. 심리적인 원인론에 의한다면, 이유-원인은 의도적인 행위가 실제로 발생하는 경우에만 적용될 수 있으므로, 행위발생에 대해 충분조건이기도 하다.

그렇다면 행위자 자신의 자유의지로써 이루어지는 행위는 어떻게 설명해야 할 것인가? 이유를 구성하는 욕구나 신념들의 근거는 무엇인가? 욕구나 신념들이 내면적인 통제 없이 임의적으로 야기된다면 우리는 자유의지로 어떤 행위를 한다고 말할 수 없다. 물론, 욕구나 신념들이 행위자의 통제영역 밖의 다른 요인들에 의해 야기된다고 할 경우에도 자유의지에 의한 행위라고 말할 수 없다. 두 경우 모두 행위자는 자기 자신의 자유의지로 행위한 것이 아니므로 칭찬이나 비난, 신임이나 불신을 받기 힘들며, 도덕적인 책임을 묻기도 힘들다. 그러나 행위자의 행위가 욕구나 신념에 야기되며, 그 욕구나 신념이 그 자신의 통제영역 밖이 아니라 통제영역 속에서 이루어진다면, 그런 욕구나 신념을 원인으로 보았을 경우, 그 사람의 행위는 자유의지에 따른 행위라 할 수 있다. 그러나 이런 욕구나 신념이 과연 행위자의 통제영역 안에 실제로 있는 것일까, 밖에 있는 것일까? 나아가서 자유의지와 인과성에 기초한 결정론은 양립하는 것일까, 아닐까?

이런 물음이 지속되는 가운데 자유의지와 결정론의 관계에 관해 양립가능론과 양립불가능론이 나타나게 되었다. 필자가 보기에는 이런 견해들은 역사에서 나타나는 인간의 행위와 사건의 특성을 논의할 때도 그 시사하는 바가 크다. 이 가운데 양립불가능론에 따르면, 모든 사건은 그 원인이 있으며, 그 원인에 의해 불가피하게 발생한다. 인간의 행위도 그 원인이 있으며, 그것에 의해 불가피하게 발생한다. 인간에게 선택의 자유란 없으므로, 인간은 자기가 한 행위들에 관해 책임이 없다. 철학의 역사에서 보면 강한 결정론자들의 견해가 이에 속한다. 이를 역사에 적용시켜 본다면 역사결정론이나 필연사관과 연관시켜볼 수도 있다.

반면에 양립가능론에 따르면, 자유의지는 인과관계에서 벗어나는 것을 뜻하지 않으며, 자유로운 행위는 도덕원칙이나 도덕적인 신념체제에 의해 야기됨을 뜻한다. 자유의지는 결정론과 대비를 이루는 것이 아니라, 강제나 강요와 대비를 이룬다. 물이 자연법칙에 따라 흐르는 모습을 자유롭게 흐른다고 하는 반면, 물의 흐름을 강제로 방해하여 물이 자유롭게 흐르지 못하도록 하는 경우도 있듯이, 도덕원칙이나 도덕적인 신념체제에 의해 행위하는 것은 자유로운 행위이고, 강제나 강요에 의해 이루어진 행위는 자유로운 행위가 아니다. 정당한 이유, 다시 말해 넓은 의미의 원인이 없이 이루어진 행위는 예측 불가능한 변덕에 불과하다. 인간에게는 자유의지가 있으며, 선택행위에 대해 책임이 있다. 철학의 역사에서 보면 약한 결정론자들의 견해가 이에 속한다.

그렇다면 역사에서의 인과성 문제는 강한 결정론이나 약한 결정론과는 어떤 관련이 있을까? 역사결정론이나 필연사관은 이런 양립불가능론이나 양립가능론과는 어떤 관련이 있을까?

2.4 역사에서의 인과성 문제

카아(E. H. Carr, 1970)에 의하면 위대한 역사가나 사상가란 새로
운 사물이나 새로운 상황에 처했을 때 '왜냐'라는 의문을 제기하는
사람이다. 그래서 그는 "역사의 연구는 원인의 연구이다"(87면)라고
하면서 다음과 같은 예들을 제시한다.

역사학의 시조인 헤로도투스(Herodotus)는 자기가 지은 책의 첫 머
리에서, 희랍인들과 야만인들의 행위에 관한 기억을 보존한다는 것과
'특히 그들이 왜 서로 싸우게 되었는가의 원인을 밝힌다는 것'이 그의
목적이라고 규정했다. ……18세기에 이르러서 몽테스키외(Monte-
squieu)도 《로마인들의 위대성과 성쇠의 원인에 관한 고찰》(*Considera-
tions on the causes of the greatness of the Romans and of their rise and decline*)
속에서 '모든 왕조에 작용하여 그 흥기(興起)와 유지와 몰락을 초래하
는 도덕적·물질적인 원인이 있다'는 원리와, '발생되는 모든 사건은
이런 여러 가지 원인에 좌우된다'는 원리를 그의 출발점으로 삼았다
(87면).

그래서 우리들이 '우리가 이 세상에서 보는 모든 결과는 운명의
산물이다'라고 생각하는 것은 잘못이다. 인간의 행동도 일정한 법칙
이나 원리를 따른다는 것이다. 이로부터 거의 200년 동안이나 역사가
와 역사철학자들은 역사상의 사건들을 말할 때는 사건들의 원인과
이를 지배하는 법칙을 발견하고 그것을 가지고 인류의 과거경험을
조직해 본다는 일에 몰두해 왔다(88면). 역사란 과거의 여러 사건들
을 원인과 결과라는 일정한 질서 속에 정돈함으로써만 이루어질 수

있다는 믿음이었다. 이처럼 역사에서 인과관계를 탐구하는 일은 매우 중요시 되어왔다.

2.4.1 필연사관(必然史觀)과 그 문제점

이 가운데서도 강도 높게 인과성을 내세우는 사람들이 있으니 그들이 바로 필연사관에 근거한 역사주의자이다. 역사에서 필연성(necessity)은 말하는 사람들은 결정론(determinism)—모든 사건은 그것을 야기시키는 원인이 있으며, 필연적으로 발생한다.—을 옹호하는 사람들이다. 카아의 표현에 따른다면, "결정론이란 모든 일에는 하나 또는 몇 개의 원인이 있고 그것(들)에 변화가 없는 한 그런 일에도 변화가 있을 수 없다는 신념을 말한다"(93면). 역사결정론에 근거해 역사에서의 사건이나 흐름을 파악하는 사람들 가운데 우리에게 잘 알려진 주장으로는 헤겔(G. W. F. Hegel)과 마르크스(Karl Marx)의 결정론적인 역사철학이다. 이런 역사주의(historicism)에서는 인간 행위를 철저히 인과적인 관점 하에서 설명함에 의해, 인간의 자유의지(free will)에 대해 소극적이다. 헤겔이 말하는 이성의 간지(奸智)(The wickedness of Hegel)—역사에서의 개인들의 행위는 주관적으로는 이기적인 목적을 추구하면서도, 객관적으로는 결국 보편적인 목적을 실현시키는 결과가 된다. 절대자인 신의 이성은 그의 보편적인 목적을 실현시키기 위해 역사에서 개인들의 이기심을 이용한다.—나, 마르크스가 말하는 사적 유물론(史的唯物論)—역사에서의 발전은 경제적인 토대에 의해 규정되며(경제결정론), 역사에는 필연적인 역사법칙이 있으며 그 법칙은 경제발전법칙에 의해 해명된다.—은 모두 이런 역사주의의 산물이다.

2.4.2 우연사관(偶然史觀)과 그 문제점

그러나 오늘날에 와서는 '역사법칙'이라는 말은 상당히 퇴색되었고, '원인'이라는 말조차도 예전에 비해서는 조심스럽게 사용하게 되고 있다. 두 개념 모두가 그것들이 지닌 애매성과 모호성 때문이다. 그렇다고 해서 필연성이 우연성(chance)에 의해 대체된 것도 아니다. 물론, 역사라는 것은 대부분이 우연의 집합체이고 우연의 일치에 의해 좌우될 뿐만 아니라, 돌연적인 원인의 소치라고 밖에는 볼 수 없는 사건의 연속이라는 이론도 있다(98면). 역사에서의 우연성(chance in history)을 말할 때 흔히 예시되는 안토니우스의 애인인 클레오파트라의 코(Cleopatra's nose)—만일 클레오파트라의 코가 조금만 더 낮아졌다면 세계사가 바뀌었을 것이다.—에 관한 이야기가 그것이다. 이런 우연적인 것을 나열하면서 역사에서의 사건이나 역사의 흐름을 말하기도 한다. 희랍출신의 로마역사가인 폴리비우스(Polybius)가 "나라가 쇠퇴(衰頹)해서 로마의 한 속주(屬州)의 지위로 떨어졌을 때, 희랍인들은 로마의 승리를 공화국이 지닌 장점 때문이 아니라 그 행운 때문이라고 여겼다"(99면). 그러나 카아의 말을 빌리면 이런 우연사관의 문제점으로는 다음과 같은 것이 있다.

제대로 된 역사가라면 지금까지 우연사(偶然事)로 취급되어 오던 사건도 그것이 결코 우연한 것이 아니라, 보다 대국적인 견지에서는 합리적으로 설명될 수도 있고, 적절한 의의를 부여할 수도 있는 경우를 흔히 체험한다(102면).

아무튼, '그 일은 왜 일어나게 되었는가?'와 같은 물음은 예나 지금이나 역사상의 사건을 말할 때는 불가피하게 따라다니게 마련이다. 아울러 그런 질문에 대한 대답을 위해 원인을 구명하는 활동을 펴게 된다. 그러나 현대에 와서는 과거와는 달리, 앞에서 소개한 그런 역사결정론에 근거해 역사에서의 사건들을 설명하는 사람은 그리 많지 않다. 자유의지와 결정론의 관계에 관한 논의에서, 결정론에 의해 인간의 행동을 설명하는 견해가 소수의견을 구성하듯이, 역사결정론에 근거한 역사서술도 그렇다. 인간의 행동은 그것을 보는 견지에 따라 자유롭기도 하고 결정되어 있는 듯이 여겨지기도 한다. 지금처럼 원칙이나 신념 등을 따르는 것이 자유라고 여겨지는 상황에서는 결정론을 따르는 것이 자유의지로 여겨진다. 이런 점에서 결정론과 자유의지의 관계는 서로 양립불가능(兩立不可能. incompatibility)한 것이 아니라, 오히려 양립가능한 것으로 이해되어야 한다.

이런 점들을 고려한다면, 카아의 말을 빌리면, 용어 사용에 있어서도 필연성이나 불가피성이라는 용어대신에 '가능성이 매우 컸다' 라는 표현을 쓰는 것이 보다 현명하다. 예컨대, '1917년 혁명 후에 희랍정교회(the Orthodox Church)와 볼셰비키(Bolsheviks)의 충돌은, 불가피 했다' 라고 서술하기보다는 '그 가능성이 매우 컸다.' 라고 서술해야 한다는 점이다(96면).

2.4.3 인과성과 목적성

역사란 역사적인 의의라는 견지 하에서 의도적인 선택과정이기도 하다. 아울러 탈콧트 파아슨(Talcott Parson)의 말을 빌리면, 역사는 현실에 대한 인식적인 선택체계(a selective system of cognitive)라는 데에만 그치는 것이 아니라 인과적인 선택체계(a selective system of causal)라 할 수 있다. 역사가가 수많은 사실들로부터 자기 목적에 대해 의의를 가지는 사실들만을 골라내는 것과 마찬가지로, 역사가는 다수의 인과적인 연쇄 가운데 역사적으로 의의 있는 사실들만을 골라낸다(104면).

우리들이 어떤 설명은 합리적인 것으로, 다른 설명은 비합리적인 것으로 여긴다는 것은, 어떤 목적을 위한 유용한 설명과 그렇지 못한 설명으로 갈라놓는 일을 했다는 점이다. 우리가 원인을 합리적인 원인과 우연적인 원인으로 구별하는 경우, 전자는 다른 나라[他國]와 다른 시대[他時代], 다른 조건[他條件]에 항상 그 적용이 가능하기 때문에 유익한 일반화를 도출하고 그로부터 교훈을 얻을 수도 있다. 그것은 우리들의 이해력을 넓히고 심화해 주는 그런 목적에 이바지한다. 반면에 우연적인 원인은 일반화가 될 수 없다. 그것은 특수한 것이기 때문에 교훈을 줄 수도 없고 결론을 얻을 수도 없다(107면).

한편, 역사에서 인과의 문제를 다루어 나가는 데 중요한 역할을 하는 것은 목적이라는 개념이다. 그런데 이 목적개념은 가치판단을 내포한다. 역사는 전통의 계승과 더불어 시작되는데, 이때 전통이란 과거의 관습과 교훈을 미래에 전달함을 뜻한다. 과거의 기록을 보존하게 된 것도 미래세대의 복지를 위해서였다. 그래서 네덜란드의 역사가인 호이징하(Johan Huizinga, 1872~1945)는 "역사적인 사고란 언제나 목적론적인 것이다"라고 했다(108면). 그는 문화 속에는 물질과 정신적인 가치를 조화시키는 이념이 있다고 보고, 인간의 사유 활동을 다름 아닌 그런 이념에 도달하려는 노력으로 간주했다.

요컨대, 이런 여러 점을 고려하면서, 역사가의 역할을 규정해보면, 역사가는 '왜냐'라고 묻는 동시에 '어디로'라고 물으면서 연구를 해야 하는 것으로 정리된다.

제3장 역사서술의 특징[12]

3.1 헴펠의 포괄법칙형 설명

3.1.1 D-N형 설명

포괄법칙형 설명(covering law model of explanation)은 헴펠(Carl. G. Hempel)이 제시한 설명형에 따른 설명으로, 헴펠과 헴펠을 지지하는 사람들은 그 설명형을 주로 자연현상을 설명하기 위한 방법으로 사용했다. D-N형 설명―연역적·법칙정립적 설명(deductive nomological explanation)―이 그 대표적인 경우이다. 이어서 이들은 이 설명형을 역사에서의 사건을 설명하는데도 응용했다.

D-N형 설명은 설명의 대상이 되는 사건을 그것과 관련된 선행조건을 이루는 문장들과, 자연법칙인 일반법칙들로부터 연역적으로 이끌어 내는 형식을 취한다. 여기서 일반법칙이라는 특성을 지니는 원칙은 피설명문(explanandum sentence)인 사건을 연역적으로 포섭하는 역할을 한다.

예컨대, "고무풍선이 왜 터졌는가?"라는 질문에 대답하기 위해서는 대기의 온도가 뜨거웠다(C_1), 고무풍선의 탄력이 약했다(C_2), 풍

>12 제3장은 필자(2007)의 저서인《현대영미철학》가운데 「역사철학」 부분에서 발췌된 것이다.

선 속의 기체압력이 풍선 밖의 기체 압력보다 강했다(C_3)와 같은 어떤 주어진 시간과 장소에서 발생한 조건을 나타내는 개별적인 사실들을 지적함과 더불어, 기체의 부피는 온도에 비례하고 압력에 반비례한다(L_1)와 같은 일반법칙도 제시되어야 한다. 물론, D-N형 설명에서의 피설명현상은 앞의 예와 같은 특정한 시간과 장소에서 발생한 특정 사건일 수도 있고, 경험법칙과 같은 어떤 일양성(一樣性)을 띤 진술일 수도 있다. 후자와 같은 그런 일양성을 띤 진술들은 더 큰 범위의 법칙들을 설명문에서 필요로 한다. '갈릴레오 법칙'이나 '케플러 법칙'이 피설명문으로 사용되었다고 하면, '반사와 굴절의 법칙'이나 '운동과 중력에 관한 뉴턴 법칙'처럼 더 큰 범위의 법칙이 설명문을 구성하는 법칙으로 각각 요청된다(Hempel, 1966b, 51면). 이처럼 C_1, C_2, … , C_K로써 표현된 '어떤 조건을 나타내는 개별적 사실들에 관한 문장'들과, L_1, L_2, … , L_r로써 표현된 '일반법칙'들에 의해 E라는 사건이 설명된다. 여기서 C_1, C_2, … , C_K는 대체로 '…하면, …한다'와 같은 형식을 갖춘 진술이다. C_1, C_2, …, C_K와 L_1, L_2, …, L_r이 설명문을 이루고 E가 피설명문을 이룬다. 곧, 설명문은 개별적인 사실을 나타내는 문장들과 일반법칙으로 이루어진 집합으로 설명형의 전제를 이루고, 피설명문은 그 결론을 이룬다.

이런 D-N형 설명에는 다음과 같은 특징들이 스며 있다. D-N형 설명에는, "'설명문인 전제들 속에 적어도 하나의 일반법칙이 포함되어야 한다.'는 것과, '설명문이 참이어야 피설명문도 참이 된다'는 두 가지 기본적인 요구가 그것이다"(Hempel, 1966a, 101면). 헴펠이 제시한 설명문들과 피설명문으로써 구성된 설명양식을 도식화하면 다음과 같다(Hempel, 1970, 249면).

이처럼 D-N형 설명은 선행조건을 이루는 진술들—주어진 시간과 장소에서 발생한 개별적 사건들에 관한 진술—과 일반법칙들을 전제로 삼고, 그 전제로부터 결론을 논리적으로 연역해 내는 형식을 취한다. 따라서 전제를 이루는 이 두 종류의 진술들이 사실적·경험적으로 참인 경우에는 결론도 사실적·경험적으로 참이 되게 마련이다.

과학적 설명으로 내세워지는 D-N형 설명에서는 법칙의 역할이 특히 중요시된다. 그래서 여러 가지 설명형 중에서도 D-N형 설명은 포괄법칙형(covering law model) 또는 연역형(deductive model)설명이라고 일컬어지기도 한다(412면). 이런 법칙들은 피설명 현상을 포섭한다는 점에서 포괄법칙이라 불리어지며, 설명적인 논증이란 그런 법칙들 속에 피설명문을 포섭하는 논증이다(Hempel, 1966b, 51면).

그런데 이런 D-N형 설명과 혼동하기 쉬운 것으로는 설명문에서 일반법칙을 생략하는 형식을 취하면서 설명하는 경우이다. 사실상 상당수의 일상인들은 이런 형식을 많이 취한다. 일반법칙을 알지 못하여 제시하지 못하는 사람들이 있는가 하면, 일반법칙을 많은 사람들이 아는 것으로 간주하면서 일부러 생략하는 경우도 있다. 그러나 일상인들의 이런 설명형식은 주어진 사건들에 대한 과학적인 설명형식이 될 수 없다. 설명문에서 'C_1, C_2, $\cdots$, C_K'와 같은 조건을 나타내는 개별적 사실들만을 지적한다고 하여 그것이 곧 피설명문을 설명하는 것으로 이어질 수는 없다. 헴펠은 바로 이점을 중시하여 D-N형 설명을 착안했다. D-N형 설명에서는 일반법칙이 필수적으로 요청된

다. 설명문에서 인용된 개별적인 사실들이 피설명문을 설명하기 위
하여 관련되어 있음을 알려 주는 것도 바로 이러한 일반법칙에 의해
서이다. 설명문에 일반법칙이 아닌 준법칙문들이 들어 있는 경우에
도, 비록 그 설명 형식은 D-N형 설명과 유사하다고 할지라도, 일반
법칙이 아닌 준법칙문(유사 법칙문)을 설명문 속에서 사용하고 있다
는 점에서, 엄격히 말해서 D-N형 설명과 똑같지는 않다. 일반법칙은
규칙성을 띤 보편적·일반적인 경험명제로서 반사실조건문으로 바꾸
어도 참인 것으로 성립하고, 다른 이론이나 법칙과도 논리적으로 정
합을 이루고, 사실의 세계와도 대응하는 등 법칙이 지녀야 할 기준들
을 충족시키고 있는 반면에, 준법칙문은 그렇지 못하기 때문이다. 그
러므로 설명형식은 D-N형 설명과 비슷하다고 하더라도 설명력은
D-N형 설명에 비해 떨어진다고 하겠다. 법칙이 지녀야 할 기준을 만
족시키는 일반법칙이 들어 있는 설명문일수록 설명력이 강하다는 것
은 당연하다.

　물론, 어떠한 법칙도 그것이 관계되어 있는 모든 사건들을 깨끗하
게 설명하지는 못한다. 형이상학적인 결정론을 근거로 한 법칙이라
면 가능하겠으나, 인식의 한계를 인정하는 한 완전한 법칙이란 있을
수 없기 때문이다. 헴펠 역시 이 점을 인정한다. 그는 법칙이 지닌 완
전성을 '어떠한 것도 설명됨이 없이 남겨지지 않는 상태' 인 설명적인
자폐성(explanatory closure)과 관련시키면서, 관련된 모든 현상들이
깨끗하게 설명되는 자폐성을 지닌 그런 법칙에는 도달하기 힘들다는
것과, 그런 완전성(completeness)을 추구하는 것이 설명의 본성을 옳
게 이해하는 것도 아님을 밝힌다(Hempel, 1970, 423면). 경험과학에
서 내세우는 법칙이나 원리들은 주어진 상황 속에서, 자연현상을 효
과적으로 설명하기 위한 유용한 도구의 역할을 한다. 이런 점에서 본

다면 D-N형 설명도 그 속에 프래그머티즘이 지닌 특성을 다분히 지닌다. 헴펠이 설명이라는 용어나 이 용어와 유사한 성질을 지닌 용어들을 프래그머티즘상의 용어로 규정한 것도 이런 의도에서였으리라 여겨진다.

3.1.2 역사에도 적용 가능한가?

학문의 연구방법론에 관한 논의에서는, 크게 보아 연구하는 대상이 다르면 그 방법론도 다를 수밖에 없다는 다원적인 접근방법에 기초한 '방법론적 다원론'과, 그렇지 않다는 '방법론적 일원론'이 있어 왔다. 과학의 경우는 그것이 자연과학이든 사회과학이든 어느 정도 불완전성을 지니고 있다. 하지만 설명을 위한 방법에 있어서는 어느 분야이든 대동소이하며 그 가운데서 가장 표준이 되는 것은 자연과학에서 사용하는 설명방법이라는 것이 헴펠이 내세우는 또 하나의 특이한 주장이다. 그는 앞에서 제시한 D-N형 설명을 자연과학이 아닌 역사와 같은 영역에도 적용이 가능한 것으로 보고 있다. 그래서 그는 역사에서의 설명구조도 과학적 설명의 구조로써 해명하려 한다. 그의 주장에 의하면, "사건이란 '우연한 일'이 아니며, 어떤 선행조건이나 동시에 존재하는 조건들에 비추어 예측될 수 있으며, 그런 예측은 예언이나 점(占)이 아니라, 법칙에 의존해서 이루어지는 합리성을 지닌 과학적인 기대"(Hempel, 1952, 39면)라는 점이다. 이처럼 그는 역사에 관한 설명의 이상적인 형태를 자연과학적인 설명유형에 둔다. 이어서 그는 과학이나 역사나 그 속에 흐르는 설명기능은 유사하다고 본다. 그래서 그는 포괄법칙이 자연과학에서 자연현상을 설명할 때 하는 역할과 유사한 것을 역사에서도 찾아내어 그것을 가지고 역사에서의 사건도 설명하려 한다.

그래서 헴펠파는 역사에서의 사실이나 사건도 과학에서처럼 서술할 뿐만 아니라 설명도 해야 한다고 보면서, 그 설명형에 있어 D-N형 설명과 가까운 준과학적 설명을 역사에서의 설명형으로 인정한다. 역사와 과학의 관계는 크게 보아 모두 인과적인 설명에 기초하며, 대립관계가 아니다. 단지 자연과학에서 사용되는 일반법칙과 역사에서 사용되는 일반적인 경향은 모두 경험적인 일반화에 기초하며, 단지 정도의 차에 불과하다.

몇 가지 예들을 들어보기로 한다. 예컨대, "로마제국이 왜 망했는가?"라는 질문에 대답하기 위해서는 귀족들의 사치와 향락이 심했다.(C_1), 공화정의 붕괴로 정치적인 혼란이 가중되었다.(C_2), 시민들의 정치적인 무관심이 증대되었다.(C_3), 재정구조의 파괴로 재정이 고갈되었다.(C_4), 자연재해 및 전염병이 창궐했다.(C_5), 이민족들의 침입이 증대되었다.(C_6) 등등 로마제국이 망하게 된 조건을 나타내는 개별적인 사실들을 지적함과 더불어, 도덕적 타락과 쾌락의 추구로는 건전한 사회를 만들어 나갈 수 없다.(L_1), 시민들의 정치적인 무관심은 지배층의 권력남용을 초래한다.(L_2), 군대의 약화는 필연적으로 주변국의 침입을 허용한다.(L_3), 문명의 번영 후엔 쇠퇴와 몰락을 가져온다.(L_4) 등 준법칙과 같은 일반적인 경향을 나타내는 진술들도 제시되어야 한다.

D-N형 설명을 생각하면서, "한국에서 4·19혁명이 왜 일어났는가?"라는 질문에 대해서도 대답해 보자. 이 경우에는 이승만 정권의 장기집권(C_1), 자유당 정권의 부정부패(C_2), 정부에 의한 야당과 학생운동 탄압(C_3) 등을 지적함과 더불어, 어느 한 정권이 권력을 오랫동안 장악하면 부정부패가 생긴다.(L_1), 기존의 정치체제로는 산적한 여러 문제들을 효과적으로 대처하기 힘들 때, 기존의 정치체제와는

구조적으로 다른 정치체제를 필요로 한다.(L_2) 등 역사상에서 발견될 수 있는 일반적인 경향을 나타내는 진술들을 제시하면서 한국에서 4·19혁명이 발생하게 된 것을 설명하여야 한다는 점이다.

또 다른 예들로서, "산업혁명이 왜 영국에서 일어났는가?", "서양 중세 봉건제도가 왜 해체되었나?"라는 질문에 대한 대답을 해보자. 전자에 대한 대답으로는 명예혁명 후 산업발달과 더불어 자본이 축적되었다.(C_1), 정치가 안정되었다.(C_2), 석탄·철강 등의 지하자원이 풍부하였다.(C_3), 해외에 넓은 식민지가 있었다.(C_4) 등과 더불어, 정치가 안정되면 경제, 문화, 산업 등이 발달한다.(L_1), 일정한 자원이 있는 곳에는 그것과 관련된 산업이 발달한다.(L_2) 등이 제시되어야 한다. 마찬가지 방법에 의해, 후자에 대한 답변으로는 봉건제 유지를 위한 경제적인 토대였던 농노제가 쇠퇴되었다.(C_1), 왕권의 강화와 더불어 영주세력이 약화되었다.(C_2), 농촌인구가 감소하여 영주들이 재정적으로 어려워졌다.(C_3) 등과 더불어, 경제구조가 바뀌면 사회도 변한다.(L_1), 사회가 바뀌면 그에 따라 정치제도도 바뀐다.(L_2) 등이 제시되어야 한다.

물론, 역사에서 나타나는 사건들은 그런 사건들이 발생하기까지는 복잡한 요인들이 있게 마련이므로, 이런 요인들을 엄밀하게 구체적으로 제시하기는 힘들지만 말이다. 일반법칙이나 통계적으로 일반화된 것이 많으면 많을수록 더 완전한 설명이 되겠으나, 역사에서 나타나는 사건들의 경우는 그처럼 간주될 수 있는 것이 두드러지지 않기 때문이다. 예컨대, D-N형 설명이라는 구조를 통하여 이해하려 할 때도 C와 L의 구별이 불확실한 경우가 많다는 점이다.

그래서 그는 설명구조라는 측면에서 역사에서의 설명을 말할 때는, 그 이상적인 형태를 실증적인 자연과학적인 설명에서 찾지만, 실제에서는 준과학적 설명인 것으로 그것을 이해한다. 역사에서의 설명이란 '개인심리'나 '사회심리'에 의해 크게 영향을 받으므로, 자연과학에서 찾아볼 수 있는 정도의 공식화는 힘들다는 점이다. 그러면서도 그는 역사나 과학이나 그 속에 흐르고 있는 설명적인 기능은 유사하다고 본다. 이런 점에서 그의 견해는 포괄법칙에의 포섭에 의한 설명에 우호적이므로 그의 견해는 크게 보아 방법론적인 일원론에 기울어져 있다.

그러나 헴펠의 이런 견해에 대한 비판도 만만치 않다. 예컨대, 가디너(P. Gardiner)는, "역사에서의 설명은 그 형식적인 구조면에서는 과학에서의 설명과 유사하지만, 역사가들은 역사를 과학적인 이상언어가 아닌 일상언어 수준에서 서술하므로, 원인이나 결과에 대해 과학에서와 같은 용어법을 사용하지는 않는다"(1952, 24면)고 말하면서, "어떤 주어진 사례에서 사건의 원인이라고 불리는 것은, 탐구영역의 용어로 또는 말하는 사람의 관심 및 목적의 용어로 정해져야 할 문제이다"(10면)라고 주장한다. 이런 그의 견해는 과학적 설명만이 전형적인 설명이라고는 볼 수 없다는 것과 서술방법에 있어 다원적인 접근방식이 존재함을 또한 시사한다.

역사철학자인 월쉬(W. H. Walsh)는 역사를 인류 과거에 관한 연구로 보면서, 역사의 주된 관심사를 인간의 경험과 행위로 파악한다. 그도 역사를 과학처럼 파악하는 데 이의를 제기하면서, 역사가를 듣는 이에게 어떤 역사상의 사건을 말할 수 있는 특정한 사람으로 간주한다. 역사가는 역사의 흐름 속에서 주어진 사건이 지닌, '중요성'을 생각하고, 특정한 견지에서 역사상의 사건을 평가하면서 서술하는 사람이라는 점이다. 역사에서 말하는 '중요성'이라는 개념은 과학에서의 그것과는 다르다. 예컨대, 어떤 사람이 의학에 관해 알려는 청중들에게 글을 쓰려고 할 경우에 그가 채택하는 자료 선정 기준과, 물리학도들에게 이야기하려고 할 경우에 그가 채택하는 자료 선정 기준이 서로 다르듯이 말이다. 이런 그(1967)의 견해는 그의 저서인 《역사 철학》(*Philosophy of history*)에서도 잘 반영되어 있다.

  역사가가 우리에게 과거 어느 시절에 실제로 발생하였던 것을 말하려고 할 때, 그는 일련의 사건들을 상술하는 것 이상의 어떤 것을 해야 한다. 나아가서 그는 그의 독자들이 그러한 사건들을 신중하게 생각하도록 도와야 한다. 역사란 기술이 아니라 기술이면서 평가이다(184면).

  이어서 월쉬는 베리와 트레벨리안 간의 논쟁에 관해, 앞의 저서에 수록된 그의 논문인 「과학적 역사의 한계」(The limits of scientific history)에서, 트레벨리안의 견해에 편들면서 과학적 역사학의 한계를 지적했다. 그는 프랑스 혁명이 1789년에 일어났다는 사실을 확정하는 일은 과학에서 사실을 확정하는 일과 다를 바 없다고 보면서, 개별적인 사실들로 구성된 과거에 어떤 전체상을 주려는 점을 부각시키면서, 역사가 지닌 특성을 인정하려 했다. 과거에서 진실로 중요한 것이 무엇인가를 생각하면서, 전체적인 어떤 상을 제시하는 것은 역사가의 임무며, 역사는 그런 역사가에서 나온 상상력의 산물이다. 요컨대, 역사가의 임무는 과거의 사건들에 평가를 가하면서 전체상(全體像)을 부여하는 데 있으며, 역사는 그런 노력의 산물이다(175~176면).

  한편, 드레이(W. H. Dray)는, "역사가란 개별적인 역사적 사건들—예컨대, 프랑스 혁명이나 찰스 1세의 처형 등—에 관심이 있지, 혁명이나 처형 그 자체에 관심이 있는 것이 아니다"(1964, 8면)라고 주장하면서, 역사가는 사건들이 지니는 독자성과 특이성 속에서 역사를 연구함을 강조한다.

여하튼, D-N형 설명이 역사에서의 사건들을 설명하는 데 있어서도 그 적용이 어느 정도 가능하다는 헴펠의 견해는 이처럼 여러 측면에서 논전을 야기시켜 왔다. 헴펠의 견해가 역사에 관한 서술방법에 관한 논의에서 신선한 충격을 준 것도 부인할 순 없지만, 그의 견해에 대한 비판도 이처럼 만만치는 않다. "역사에서의 설명이 과학적인 설명모델을 기준으로 해서 고찰되고 있기 때문에, '역사도 과학의 일부로 환원되어 그 고유 영역이 소멸될 수밖에 없다'든가, '역사와 과학의 연구대상이 모두 같은 것으로 간주된다'든가, '역사적 지식의 구성 요소 중 역사 해석의 역할이 무시된다든가 하는 것'"(신일철, 1979, 30면)도 그런 비판적인 맥락에서 이해될 수 있다. 특히 역사는 과학처럼 그 탐구대상이 재현 가능한 것이 아니어서 실험할 수 없다는데 그 큰 차이점이 제기된다.

3.2 오우크쇼트의 연속계열형 설명

마이클 오우크쇼트(Michael Oakshott)는 헴펠파와 같은 실증주의자들의 견해와는 달리, 역사는 '일반화의 방법'을 사용하는 과학과는 다르다고 보면서, '역사에서 사건이 지니는 일회성'(the uniqueness of historical events)을 강조했다. 그는 '일회적이고 비반복적(非反復的)인 일련의 사건에 대한 역사가의 관심'을 들어 과학과는 다른 역사의 독자성을 내세웠다(Dray, 1964, 8면). 예를 들어 사회과학자는 프랑스 혁명을 다룰 때에 혁명일반이 지니는 특징 속에서 프랑스 혁명을 다루지만, 역사가는 프랑스 혁명이 지니는 고유성에 그 관심을 두면서 서술한다는 점이다. 과학자의 우선적인 관심은 그가 사용하는 법칙이나 이론이지 그것들이 예증하는 구체적인 사실들이 아니다. 그러나 역사가의 경우는 그렇지 않다. 역사가의 관심은 우선 프랑스 혁명이라는 개별적인 사건이지 혁명일반이 아니다. 역사가는 그런 개별적인 사건을 고유성과 특수성이라는 관점에서 탐구하는 자들이다.

오우크쇼트는 역사서술에서는 '법칙'이 필요하지 않다고 주장하면서 역사해석의 한 기준으로 '연속성'의 개념을 제시했다. 그래서 그가 내세우는 역사 이해의 모델은 소위 '연속계열형 설명'(continuous series model of explanation)이다(9면). 이 연속계열형은 이야기에서 볼 수 있는 연결(continuity)적인 서술이다. 역사에서의 사건들을 연결시킬 때는, 인과관계에 의한 것보다는 이야기가 이해가능 하도록 연결시키면 된다. 역사가는 과학자보다는 소설가처럼 구성가(plot teller)이거나 이야기 꾼(story teller)에 가깝다(최동희 외, 1980, 164~165면).

이런 점에서 오우크쇼트는 빈델반트(Windelband) 이래 신칸트 학파에서의 이분법—법칙정립적인 과학(nomological science)과 일회성(Einmaligkeit)에 관심을 가지는 개성기술적인 과학(idographic science)—에서, 역사는 일회성에 관심을 두는 후자에 속하는 학문으로 규정했다(165면).

이렇게 되면 법칙정립적인 과학성에 근거한 역사의 과학화는 그 힘을 잃게 될지라도 역사서술에서의 문학적인 전통은 힘을 얻게 될 것이다. 그러나 그 역기능적인 것으로 우려되는 일은, 역사는 과학으로서의 기반이 약하게 되어, 이것이 지나치면 학문이라기보다는 이야기나 화술(話術)의 지위로 귀결되게 된다.

3.3 콜링우드의 이유에 의한 설명

콜링우드(Robin George Collingwood. 1889~1943)는 역사가가 설
명해야 할 것은 자연사건(natural event)이 아니라 '이성의 요청에 따
르는(in accordance with the demands of reason) 인간의 행위' 라고
했다. 콜링우드는 이해해야 할 연구대상을 인간행위의 외면(outside)
과 내면(inside)의 두 측면으로 나누고, 인간행위의 내면을 이해하기
위해서는 '재사고' (再思考. rethink)가 필요하다고 했다. 이 내면이란
인간의 '사고면' (思考面. thought-side), 곧 이유이기 때문에 인간의
행위는 '이유에 의해' 이해해야 한다는 것이다(Dray, 10~12면).

그래서 역사는 일종의 '이유에 의한 설명' 이고, 역사상 탐구할 필
요가 있는 인물의 행위는 그 행위자의 행위 이유나 사상에 의해 설명
하는 것이 된다. 이런 역사적인 이해의 방법이나 '합리적 설명' 은 인
간의 '내면', 곧 역사에서의 행위자의 사상면에 관심을 둔다는 점에
서 관념적이고, 역사상 위대한 인물의 사상에 무게를 두게 된다는 점
에서 영웅사관적인 색채로 기울어질 경향이 있다(12~15면). 그의 견
해에서 찾아 볼 수 있는 소극적인 측면으로는, 앞서 말한 그런 경향
이외에도 그가 내세우는 소위 합리적 설명에서 합리성이라는 것이 어
떤 뜻으로 사용되었는지도 애매하고 모호하다는 점을 들 수 있다.

3.4 드레이의 개념에 의한 설명

드레이(W. H. Dray)는 역사서술에서, '왜?' 라는 질문에 초점을
두어 그 원인이나 이유를 찾는 서술보다는 '무엇?' 이라는 질문에 초
점을 두었다. 그는 개개의 사건들을 적절한 개념에 의해 전체적으로

통괄하는 소위 '개념에 의한 서술'로 역사서술을 이해했다. 이처럼 그는 역사서술에서 '왜 라는 질문'(why-question)과는 구별되는 '무엇이라는 질문'(what-question)을 중시하면서, 역사서술의 독자성을 제시했다(Dray, 1959, 403~408면). 예컨대, 역사가들은 15세기 이탈리아에서 일어난 수많은 사건들을 '르네상스'(renaissance)로, 18세기 후반 프랑스에서 일어난 일련의 사건들을 '프랑스 혁명'으로 각각 부르는데, 이런 일컬음이 바로 역사에서 '무엇이라는 질문'의 소산이다. 이런 설명형은 많은 부분들을 어떤 전체에로 연관시키는 '개념에 의한 설명'으로 이어진다. 이런 설명의 바탕이 되는 것은 '부분들을 새로운 전체에로 종합하는 일종의 수직(垂直)적인 해석'이다(Reis & Kristeller, 1943, 240면). 르네상스나 프랑스 혁명과 같은 전체상(全體像)적인 역사개념은 역사가의 종합적인 통찰에서 나왔다. 그러므로 이런 서술에는 역사가의 가치 개입이 짙어지게 마련이다.

이제까지 과거의 사변적인 역사철학에 대해 이의를 제기하면서 20세기에 접어들면서 나타난 비판적인 역사철학자들의 견해들을 살펴보았다. 특히, 같은 비판적인 역사철학 계열에 속한다고 할지라도, 헴펠의 견해와 이에 대한 비판론자들의 견해를 집중적으로 다루었다. 편의상 이들 역사철학자들이 제시한 설명형 및 역사에 관한 규정을 이들의 견해에서 찾아볼 수 있는 주요어들에 의해 정리하면 다음과 같다.

〈표1〉 20세기 주요 역사 철학자들의 견해

인물	설명형	역사에 관한 규정
백비(P. Bagby)	준합리적 서술	- 준합리적 활동(semi-rational activity).
베리(J. B. Bury)	역사의 과학성	- 역사는 과학임. 역사는 과학 이상도 이하도 아님.
트레벨리안 (G. M. Trevelyan)	사실의 구성	- '사실의 확정'과 '사실의 구성'을 일단 구별. - 역사가 과학일 수 있는 측면은 사실들을 입증하는데 국한. - 사실위에 하나의 구성물을 세우는 일. 구성이나 해석의 역할 중시. - 그 구성물에 하나의 전체상을 부여.
헴펠 (C. G. Hempel)	D-N형 설명	- 'Why question' 중시. - 포괄법칙형 설명. - 설명문이 참이면 피설명문도 참임. - 설명문 속에는 적어도 하나의 일반법칙이 있어야 한다.
가디너 (P. Gardiner)	일상언어에 의한 서술	- 역사는 일상 언어수준에서 서술하는 것. - 관심 및 목적성을 띤 용어. - 서술방법에 있어서의 다원성.
월쉬 (W. H. Walsh)	평가적인 서술	- 과거의 사건들에 평가를 가하면서 전체상(全體像)을 부여 - 역사는 서술인 동시에 평가임.
드레이 (W. Dray)	개념에 의한 설명	- 'What question' 중시. - 부분들을 새로운 전체에로 종합하는 일종의 수직적(垂直的. vertical)인 해석. - 르네상스나 프랑스 혁명과 같은 전체상적인 역사개념은 역사가의 종합적인 통찰의 산물.
오우크쇼트 (M. Oakshott)	연속 계열형 설명	- 역사해석의 기준으로 '연속성' 개념 제시. - 역사에서 각 사건들이 지니는 일회성, 고유성, 특수성 중시. - 구성가(plot teller), 이야기꾼(story teller)으로서의 역사가 역할.
콜링우드 (R. G. Collingwood)	이유에 의한 설명	- 인간행위의 내면을 이해하기 위해서는 행위자의 사상면에 관심을 두어야 하며, 그 방법으로 그들의 사상을 자신의 마음속에 재현하는 재사고(再思考. rethink)가 필요. - 모든 역사는 사상의 역사. - 현재의 눈을 통해서만 과거를 볼 수 있음.

제Ⅱ부 시대별로 본 역사관

역사관(歷史觀) 또는 사관이란 역사의 현상 및 발전의 법칙을 밝히며 해석하는 관점이다(한글학회, 1997, 2038면). 이런 점에서 역사관은 인류의 역사를 전체적·통일적으로 파악하려는 사고체계라 하겠다. 개별적인 사실이나 사건을 단순히 관찰하고 기술하는 그런 태도와는 다르다. 개별적인 사실이나 사건의 경우도 전체적인 관점에서 중요한 것으로 평가된 것이어야 한다. 그래서 역사관을 지니면서 서술하는 사람은 자기가 하는 연구대상을 인류역사 전체의 흐름 속에서 파악하고 서술한다.

그렇다면 이런 역사관에는 그 구체적인 예들로 어떤 것이 있을까? 논의의 편의상 서양의 경우를 들어 살펴보겠다. 다른 지역에 비해 이런 영역에서 더 일관성 있게 논의한 흔적이 엿보이기 때문이다. 이를 위해 서양의 역사도 크게 고대, 중세, 근세, 현대로 나누어, 각 시대별로 역사상에서 찾아볼 수 있는 특징들을 개괄적으로 살펴보기로 한다. 제시된 각 시대에 나타나는 대표적인 경향들을 파악하는 데 힘쓰면서, 관련된 학자들의 견해들에 관해서도 서술하기로 한다. 물론, 시대적인 조류 속에서 말이다.

제4장 고대 그리스, 유대·기독교 및 중세의 역사관

4.1 고대 그리스의 역사관

4.1.1 대표적인 사관

그리스 사람들은 역사의 진행을 한편으로는 몰락의 과정으로, 다른 한편으로는 발전의 과정으로 보았다. 전자에 의하면 최초의 인간은 천국에서 살았으나, 역사 속에서 서서히 몰락하게 되었는데 그 근거는 주로 윤리의 몰락에서 빚어졌다. 그들은 이런 역사의 흐름을 나타내기 위해, 제1시기는 황금시대로, 제2시기는 은시대로, 제3시기는 청동기시대로, 제4시기는 철기시대로 각각 일컫기도 했다. 반면에 후자에 의하면 인간의 역사는 보다 높은 완전성을 향하는 것이므로 세계 문화는 진보·발전한다. 비록 인륜성과 종교는 몰락해도 예술과 과학은 진보한다는 주장이다. 이런 양자와는 달리 역사를 발전과 몰락 그 자체로 보는 사람들도 있었고, 이 모든 주장들을 통합하여 인류의 역사와 우주의 역사는 그 출발점으로 되돌아와 거기에서 다시 시작한다는 일종의 원운동을 주장한 헤라클리투스(Heraclitus)와 같은 사람도 있었다. 그는 순환 구조적인 역사관을 암시했던 사람이다(백승균, 40면). 이런 그리스 사람들의 역사에 관한 견해들은 대체로 다음과 같은 몇 가지로 정리될 수 있다.

첫째, 순환사관(순환적인 역사관)을 들 수 있다. 순환사관은 상당
히는 자연현상에서 유추하여 인간의 역사를 파악하려 한다. 조화로
운(cosmos) 자연의 법칙 속에서는 순환적인 회전만이 있을 따름이
다. 이런 생각 속에서 순환적인 시간관념이 형성되고, 역사 역시 순
환적인 과정으로 파악되었다.>1

둘째, 숙명사관(숙명적인 역사관)을 들 수 있다. 그리스 사람들은
우주의 조화로운 법칙(cosmic law)과 자연의 순환적인 변화에 근거
하여, 인간의 삶의 태도를 유추하려 했다. 이런 사관이 깃든 곳에서
사는 인간에게는 때를 기다리는 현명이 필요하다. 역사는 반복되는
것이므로 미래에 관해서는 관심이 별로 없다. 이런 고대 그리스의 역
사관에는 역사를 움직이는 힘의 주체와 방향이 결여되어 있다는 아
쉬움이 있다.

셋째, 기록으로서의 역사를 들 수 있다. 역사서술은 과거와 현재에
관한 인간의 역사다. 과거에 일어났던 일들은 미래에도 순환적으로
일어나기 때문에 일어났던 일들을 정확하게 기록하는 일이 중요하
다. 이런 기록의 중요성을 강조한 사람으로는 고대중국의 경우, 공자
의 경우도 빼 놓을 수 없다.

넷째, 정치사 중심의 역사를 들 수 있다. 이는 비록 그리스에서 찾
아볼 수 있는 특징만은 아니다. 옛날로 거슬러 올라 갈수록 대부분의
지역에서 일반적으로 나타나는 경향이다. 그리스의 경우는 특히 예
컨대, 폴리비오스(Polybius, B.C.c.205~c.123)나 투키디데스(Thu-

>1   순환사관은 세계 곳곳에서 나타나는 역사관이기도 하다. 순환사관을 주장하는 사람들은 역사
를 흔히 하나의 수레바퀴에 비유하면서 되풀이된다고 본다. 사람마다 태어나고, 성장하고, 노쇠하다
죽듯이 말이다. 특히 고대 농경사회에서는 인간의 역사도 자연의 일부로 보는 경향이 강해서, 자연현
상이 반복되듯이 인간의 역사도 그렇다고 보았다.

cydides, B.C.c.460~c.400)의 사관에 잘 나타나 있다.

4.1.2 대표적인 역사가

그리스시대의 대표적인 역사관을 지닌 역사가로서는 우선 엠페도클레스(Empedokles, B.C.c.493~c.433)를 들 수 있다. 그는 4원소(흙, 물, 불, 바람)가 모이고 흩어지는 과정에서 세계가 형성되었다고 보았다. 그 원인은 각각 사랑과 미움이다. 사랑은 이런 원소들을 모이게 하고, 미움은 흩어지게 한다. 그는 이런 자연현상에서 인간의 역사를 유추하여, 유추(analogy)에 의한 순환사관을 주장했다.

또 다른 자연철학자인 헤라클리투스(Heraclitus, B.C.c.540~c.480)는 변화무쌍한 문명의 성쇠는 교만(Hibris)과 앙갚음·벌(Nemesis)이라는 인과응보에 의해 이루어진다고 했다. 영원한 인과응보 과정이 그의 역사관의 기초를 이룬다. 역사는 미래의 목표를 향해 나가는 것과 관련된 것이 아니라 무한회귀(無限回歸)에 근거한 주기적인 환원운동이다.

자연철학자인 엠페도클레스와 헤라클리투스에 비해 헤로도투스(Herodotus B.C.c.484~c.430)는 구체적인 인간의 역사를 서술하면서 그의 역사관을 밝혔다. 우선, 그는 과거 사건들에 관한 이야기로서의 역사를 썼다. 인간의 오만에 대해 신은 보복할 것임을 믿었다. 페르시아의 패배도 크세로세스의 오만 때문에 빚어졌다. 그는 과거의 사실(史實)을 시가(詩歌)가 아닌 실증적인 학문의 대상으로 삼은 최초의 그리스인이다. 그는 여러 곳을 여행한 후 그 지식을 바탕으로 동양과 서양의 충돌, 곧 동서분쟁이라는 관점에서《페르시아 전쟁사》9권(28강)을 썼다. 제1권~6권은 페르시아의 성장과정과 마라톤 전투>2 에서의 그리스에 의한 패전을, 7권~9권은 패전 후 그리스에 다시 복수하려는 페르시아 크세르크세스 왕의 기도를 기술했다. 그리스와 페르시아라는 동서양의 양대 세력이 전쟁을 하게 된 이유를 캐기 위해, 역사를 썼다. 여기서의 역사는 다분히 탐구라는 뜻의 역사(historiai)라고 하겠다.

그는 페르시아 전쟁에서 주도권을 행사한 아테네의 역할에 대한 도덕적인 정당성을 발견했으며, 그 내용을 샅샅이 추적하여 세인의 기억에서 사라지기 전에 기록해 두고자 했다. 그의 정치적인 견해는 아테네와 민주주의 편에 속해 있었지만 결코 맹목적인 애국심(chauvinism) 따위는 보여주지 않았다. 그는 어느 한편에 서 있었지만 한 순간도 '남을 이해하기'를 게을리하지 않았다. 그가 해 낸 위대한 발견은, 우리가 역사 속에서나 경험의 구체적인 자료 속에서 또는 논술 속에서 도덕적인 문제나 진실들을 파헤쳐 낼 수 있다는 발견일 것이다(Finley, 1987, 11면).

이런 그의 탐구정신이나 후세에 일어난 사실들을 정확하게 알리고자 했던 정신은 훗날 많은 사람들에게 영향을 주어, 키케로(Cicero)에 의해서는 역사의 아버지로, 뉴우톤(Issac Newton)에 의해서는 역사의 아버지들 가운데 한 사람으로 각각 불려지게 되었다.

한편, 투키디데스는 사람의 본성은 누구나 비슷한 것이므로, 과거에 일어

▶ 헤로도투스

>2 마라톤 싸움은 기원전 490년에 아테네가 마라톤에서 페르시아를 크게 이긴 싸움이다. 이때 승리를 보고하는 사자(使者)가 승전(勝戰)의 소식을 전하기 위해 아테네까지 달려갔던 사건에서 마라톤 경주가 유래되었다.

난 것이 미래에도 비슷하게 일어난다고 보았다. 역사가들이 일어난 사실들을 정확하게 기록하여 두기만 하면 우리는 미래에 있을 수 있는 위기들을 피할 수 있다는 것이다. 저서로서는 《펠로폰네수스 전쟁사》가 있다. 이 책은 기원전 431~404년에 걸쳐 그리스의 도시국가들이 두 패로 나누어 벌렸던 전쟁, 곧 아테네 중심의 델로스(Delos) 동맹과 스파르타 중심의 펠로폰네수스(Peloponnesos) 동맹 사이에 있었던 전쟁에 관해 기술한 책으로, 이 전쟁의 원인, 쟁점, 페리클레스(Pelicles)와 아테네제국, 그리고 정치와 정치적인 동물로서의 인간에 대한 통찰이 실려 있다.

헤로도투스나 투키디데스에 비해 나중에 태어난 헬레니즘시대의 역사학자인 폴리비오스는 모두 40권으로 이루어져 있는 《세계사》를 서술했다. 제2차와 제3차 포에니 전쟁을 그 내용으로 다루었는데, 로마와 카르타고 사이에 벌어지는 전쟁, 제2의 마케도니아 전쟁 등이 특히 상세하게 서술되어 있다. 그는 모든 사건을 로마가 세계지배를 향하여 나가는 과정에서 나타나는 것으로 기술하고 있다. 그는 전 세계가 로마의 지배 하에 어떻게 빠른 시일 내에 정복될 수 있었는지를 밝히려 했다. 그는 이것을 정체(政體)의 순환과정에 의해, 곧 정체의 교체사관에 의해 파악하려 했다. 그의 사관에는 두 가지 요인이 있는데, 그 하나는 역사를 움직이는 원동력은 정체라는 것이고, 다른 하나는 순환사관이다. 정체는 그 자신의 내적인 원인에 의해 변화하고 순환한다. 이 정체는 다시 6가지로 나누어지는데 —왕정, 귀족정, 민주정, 참주(僭主:스스로 임금이라고 참칭하는 사람)정, 과두(寡頭:적은 수의 우두머리)정, 중우(衆愚)정—, 이 정체들은 왕정으로부터, 참주정, 귀족정, 과두정, 민주정, 중우정의 순서로 순환한다. 로마가 세계를 통일하게 된 것은 참주정, 과두정, 중우정에 물들지 않고, 왕정, 귀족정, 민주정으로 이어졌기 때문이라는 그의 분석도 이채롭다.

4.2 유대·기독교의 역사관

아우구스티누스(St. Aurelius Augustinus, 354~430)의 《신국론》이래 이제까지의 역사관은 크게 3가지로 나누어진다. 역사를 '구제(救濟)의 역사(役事)'로서 이해한 아우구스티누스의 '역사에 관한 신학적인 해석', 역사철학의 세속화라고 할 수 있는 '18세기에 시작되는 근대의 역사철학', 그리고 분석의 역사철학으로 대표되는 '비판론적·경험론적인 역사철학'이 각각 그것이다. 이 가운데 역사의 신학적인 해석은 유대·기독교의 역사관에 주로 근거한다. 그렇다면 유대·기독교의 역사관은 어떤 특징들을 지니는지 살펴보기로 한다.

첫째, 유대·기독교의 역사관의 특징으로 구제사관(救濟史觀)을 들 수 있다. 이 역사관은 아우구스티누스에서부터 프랑스의 주교(主敎)이자 저술가인 보쉬에(Jacques Benigne Bossuet, 1627~1704)에 이르기까지 많은 영향력을 미친 것으로, 이들은 역사를 실락원(失樂園. Paradise Lost)에서 하나님의 사랑에 의해 복락원(復樂園)하는 과정으로 파악하였다. 구제사관은 사람의 역사를 이처럼 목적론적으로 해석한다. 이 역사관은 위기의식에 근거한 역사 감각이 깃들어 있으며, 종말론적인 세계관이 근저에 깔려 있다. 구약성경(Old Testament)과 신약성경(New Testament)에 있는 다음과 같은 문장들이 이런 견해를 잘 들어내 준다.

너는 가서 마지막을 기다려라(But go thou thy way till the end be).
《*Old Testament*. Daniel 12:13》

……가라사대, 때가 찾고 하나님의 나라가 가까웠으니 회개하고 복음을 믿으라(And saying, the time is fulfilled, and the kingdom of God is at hand: repent ye, and believe the gospel). 《New Testament, The Gospel According to Mark 1:15》

끝까지 견디는 자는 구원을 얻으리라. 이 천국복음이 모든 민족에게 증거되기 위해 온 세상에 전파되리니 그제야 끝이 오리라(13. But he that shall endure unto the end, the same shall be saved. 14 And this gospel of the kingdom shall be preached in all the world, for a witness unto all nations; and then shall the end come). 《New Testament, The Gospel According to Matthew 24: 13, 14》

둘째, 변신론적(辯神論. theodicy)인 발전사관을 들 수 있다. 변신론은 원래는 라이프니츠(Leibniz)가 사용한 용어이다. 신은 육체적인 악—모든 유한한 존재가 지니는 한계성에 그 근거가 있는— 을 보다 고차적인 목적을 이루기 위한 수단으로 할 수 있다. 그러나 지고지선(至高至善)인 신이 정신적인 악을 만들려하거나 원한다는 것은 있을 수 없다. 신의 의(義)를 주장하는 것이 그 전제로 되어있다. 이런 예는 아우구스티누스의 《신국론》(De Civitate Dei. The city of God)에 잘 나타나있다. 그는 나라를 신국과 지상의 나라로 나누어 신국은 신에 대한 사랑이 가득 찬 이들이 세운 나라이고, 지상의 나라는 자기 자신에 대한 사랑으로 가득 찬 이들이 세운 나라로, 이 두 나라는 필연적으로 싸우게 되는데, 이 싸움이 바로 인류의 역사이다. 이 싸움은 신국이 이기게 되어 있으며, 신국이 이기고 나면 인류의 역사는 끝이 난다. 신은 만물을 창조하고 그 운영까지도 간섭을 한다. 최후의 심판을 향한 직선적인 발전이 인류의 역사이다. 이런 사관은 유한적이며 직선적인 사관이라 하겠다.

셋째, 섭리사관(攝理史觀. a providential view of history), 필연사
관을 들 수 있다. 신의 섭리—기독교에서 말하는 하나님의 의지 속에
있는 계획으로, 이것에 의해 하나님은 만물을 만들고 그 각각을 하나
님의 목표대로 이끈다.—가 인간의 역사를 이룬다. 역사를 신에 의해
쓰여진 희곡작품으로 간주하면서(Providential history treats history
as a play written by God.), 역사에서의 사건을 예정된 신의 뜻의 적
용으로 본다.

넷째, 보편사관(普遍史觀. a universal view of history)을 들 수 있
다. 온 인류의 조상으로 아담(Adam ; earth)과 이브(영어 Eve, 히브리
어로는 하와 הַוָּה, 그리스어로는 휴아 Eὖα ; the mother of all living)
를 설정하여 인류의 구심점으로 삼았다. 우리 인류는 같은 조상을 두
고 있다는 구심점을 설정함에 의해 소위 코페르니쿠스(Copernicus)
적인 혁명을 일으켰다. 같은 조상을 둔 형제들로서 사랑의 중요성을
알게하기 위해, 구세주(Messiah : 백성들을 죄에서 구원할 자)인 예수
(Jesus : 구세주란 뜻) 그리스도(Christ : 예수님의 직책. 기름부음을
받은 자 : 기름부음에 의해 직책이 성별되었던 선지자, 제사장, 왕들
에게 적용되었던 칭호)가 이 세상에 오셨다. 예수 그리스도는 전 인
류적인 관점에서 보편적인 사고를 한다. 그래서 여기에는 사해동포
사상(四海同胞思想. cosmopolitanism)이 깃들어 있다. 예수 그리스도
의 성품은 임마누엘(Immanuel : ‘하나님이 우리와 함께 계시다’)이
라는 말속에 잘 나타나 있다.

다섯째, 계시사관(啓示史觀. apocalyptic history), 묵시사관(默示史
觀)을 들 수 있다. 역사는 예수 그리스도의 탄생으로 크게 둘로 나누
어진다. 유대·기독교 역사관에서는 예수 그리스도 탄생 이전을 암묵

(暗黙)의 시대로, 탄생 이후를 광명의 시대로 본다. 탄생 이전은 구세주의 탄생을 기다리는 역사관—messiahism—이라 할 수 있다.

여섯째, 획기적인 시대로 구분하면서 역사의 흐름을 나타내는 시대사관(時代史觀. periodic history), 주기사관(週期史觀)이 깃들어 있다. 하나님이 인간을 창조하기까지는 그 특징이 각각 구별되는 6시대(epoch : 두드러진 성격이나 사건 따위로 특징지어진 시대)가 있었다. 이런 시대들에 대응해, 예컨대, 아우구스티누스의 경우는, 인류의 역사를 다음과 같이 구분하여 제시하였다. [3]

첫째 날 : 빛과 어둠[light(day) and darkness(night)]
제 1 기 : 아담~노아(Adam~Noah)

둘째 날 : 하늘(heaven)
제 2 기 : 노아~아브라함(Noah~Abraham)

셋째 날 : 물(sea, water), 뭍(earth, land), 풀(grass), 과목(果木. fruit trees)
제 3 기 : 아브라함~다비드(Abraham~David)

넷째 날 : 계절(seasons), 날(days), 년(years), 별(stars)
제 4 기 : 다비드~바빌로니아 유수(Babylonian captivity)

다섯째 날: 물고기(fish), 새(birds)
제 5 기 : 바빌로니아 유수~그리스도의 탄생까지

여섯째 날: 육지동물, 사람
제 6 기 : 그리스도의 탄생~아우구스티누스가 살고 있는 시절

일곱째 날 : 안식일(安息日)
제 7 기 : 신만이 아는 시대

이어서 그리스도의 부활과 더불어, 종말을 모르는 영원한 날인 주의 날에 이르게 된다. 다시 말해, 제8기인 신국(神國)에 이르게 된다.

이러한 구분은 아우구스티누스의 《신국론》(神國論. *De Civitate Dei*)에 서술된 것으로, 그의 역사관에 관해선 다음의 절에서 자세히 살펴보기로 한다.

4.3 중세의 역사관

중세시대의 역사학은 기독교 신학과 깊은 관련을 맺고 있다. 역사학의 존재는 신학을 위해서였다. 중세의 이런 역사관을 엿볼 수 있는 대표적인 인물과 저서들로는 중세 초기의 교부철학(敎父哲學, patristic philosophy, Church fathers)자인 아우구스티누스와, 중세 말기의 스콜라철학(philosophia scholastica)자인 토마스 아퀴나스(St. Thomas Aquinas, 1225~1274)를 들 수 있다. 서술의 편의상 이 두 인물의 역사관을 중심으로 중세의 역사관을 살펴보려 한다. 우선, 시대순으로 아우구스티누스의 역사관을 살펴본 후에 토마스 아퀴나스의 견해를 다루기로 한다.

>3   정항희(1993)는 그의 저서인 《서양역사 철학사상론》에서 아우구스티누스의 역사 구분법인 8분법을 소개하는데, 그 내용은 다음과 같다. 제1기는 아담에서 대홍수까지, 제2기는 대홍수에서 아브라함까지, 제3기는 아브라함에서 다비드까지, 제4기는 다비드에서 바빌론 포수(捕囚)까지, 제5기는 바빌론 포수에서 그리스도의 탄생까지, 제6기는 그리스도의 탄생 이후에서 아우구스티누스가 살던 시대까지이다. 제7기는 안식일인데 그 시기는 신만이 안다. 그 날에는 신은 안식하고, 그때 인간들도 신의 품안에서 안식하게 된다. 그 다음 그리스도의 부활과 더불어 제8기의 영원한 날(Eternal day)인 주의 날(Lord's day)이 오는데, 그 날에 우리는 종말 없는 영원한 나라에서 살게 된다(41면).

▶ 아프리카를 떠나는 아우구스티누스

4.3.1 교부철학자인 아우구스티누스의 역사관

그의 대표적인 저서들은 400년 경에 완성된 《고백록》(告白錄. Confession)과 427년에 완성된 《신국론》(神國論. *De Civitate Dei*)이 있는데, 후자는 14년에 걸쳐서 쓰여진 것으로 특히, 이 책은 그의 역사관을 알 수 있는 저서일 뿐만 아니라 중세시대의 역사관을 잘 대변해 주는 그런 책이다.

이 책이 쓰여지게 된 동기는 여러 가지가 있을 수 있겠으나, 가장 큰 동기는 410년 로마제국이 서고트족의 알라릭(Alaric)에게 점령된 것과 같은 큰 재앙이 발생한 것은, 로마제국이 기독교를 신봉했기 때문이라는 이교도(異敎徒)들의 주장에 반대하기 위한 것이었다. 모두 22권으로 이루어져 있는 이 책에서 1권에서 10권까지는 이교도들의 주장이 옳지 못함을 지적하는 것이고, 11권 이후는 기독교의 교리에 근거해 자기의 견해를 펼치는 부분이다. 이 책에서 토마스 아퀴나스는 로마가 망한 원인은 로마인들이 기독교를 신봉해서가 아니라 '로마인들의 도덕적인 타락과 부패' 때문이라는 것을 밝히는 동시에, 로마인들이 이렇게 도덕적인 타락과 부패에 빠지게 된 것은 상당수의 로마인들이 기독교 대신에 우상을 숭배하는 데서 빚어진 것임을 밝혔다. 로마의 멸망은 세속적인 우상숭배자들의 도덕적인 타락에서 연유한다는 점이다. 그는 우상숭배자들의 도덕적인 타락을 아래와 같이 서술했다(정항희, 1993, 38면).

> 우상을 숭배하는 자는 선을 존경하거나 국가의 보전을 생각하지 않는다. 돈 모으는 방법을 강구하고, 가난한 자를 부자에 복종케 한다. 왕의 관심은 선에 있지 않고, 그의 백성을 어떻게 복종시키느냐에 있다. 밤낮 먹고 마시고 취하고 춤 구경하는 이외에 다른 것을 구하지 않는 것이 로마의 우상숭배자들의 소행이다.

이처럼 이 책은 호교론(護敎論)적인 측면에서 '신의 섭리에 따라 인도되는 인류의 역사'를 제시한다. 아우구스티누스에 의하면 2개의 시(市. city)가 있는데. 하나는 성자(聖者)들의 공동체인 하나님의 성(城)(the city of God)이며, 다른 하나는 영혼을 잃어버린 자들의 공동체인 지상에 속하는 성(the earthly city)이다. 아울러 두 종류의 사람들이 있는데, 한 부류는 하나님과 함께 영원히 살게끔 예정된 사람들이고, 다른 부류는 악마와 더불어 끝없는 고통을 받게끔 되어 있는 사람이다(Jones, 1952, 365면). 이는 각각 천국과 지옥으로 대변된다.

이 책에서는 하늘나라[천국]인 신국과 땅의 나라[지상국]가 어떻게 서로 대립 투쟁하다가 결국은 천국이 승리하게 되는지를 밝힌다. 그 당시의 실정이나, 그가 시사하는 바를 들어 서술한다면, 전자와 관련된 것은 교황을 중심으로 한 신권(神權)이며, 후자와 관련된 것은 세속적인 왕을 중심으로 한 왕권(王權)이다. 신권과 왕권의 다툼에서 신권의 승리를 통해 선이 승리하는 모습을 보여주려 한 것이다. 물론, 이런 과정은 인간에 대한 하나님의 사랑 속에 들어있다.

아우구스티누스의 견해에는 위의 서술에서 알 수 있듯이 상당히 이분법적인 사고가 스며있음을 알 수 있다. 신국과 지상의 나라의 대립이 그렇고, 영혼과 육체의 대립이 그렇다. 이런 사고방식은 그가 플라톤 철학의 영향을 상당히 받았기 때문이라 여겨진다. 플라톤은 이상세계와 현실세계를 구별하고, 현실세계는 불완전하므로 우리가 추구해야 할 세계는 이데아(Idea)계에 있는 이상세계임을 주장했다. 아우구스티누스의 역사관도 이런 이분법적인 측면에서 형성되었다.

아우구스티누스의 역사관에서 찾아볼 수 있는 또 다른 특징으로는 공통 조상을 둔 인류의 보편사로서 역사를 파악했다는 점이다. 기독교사학은 유일신인 하나님의 뜻에 의한 하나의 전반적인 과정으로 인류역사를 꿰뚫고 있다. 동시에 신에 의한 예정사관으로 역사를 이해하였다. 그는 그런 점들을 그가 제시한 시대 구분에 의해 구체화하였다.

4.3.2 스콜라철학자인 토마스 아퀴나스의 역사관

아우구스티누스가 이상주의자인 플라톤 철학의 영향을 많이 받았다고 한다면, 토마스 아퀴나스는 보다 현실적인 경험이나 감각을 중시하는 아리스토텔레스의 영향을 많이 받았다. 그가 남긴 대표적인 저서들로는 《철학대전》(Summa Contra Gentiles)과 《신학대전》(Summa Theologiae)이 있다. 하지만 이런 저서들 속에는 그의 역사관이 직접 제시된 부분을 찾아보기 힘들다. 단지 관련된 부분들을 단편적으로 살펴보면서 간접적으로 유추할 수 있을 뿐이다.

그는 《철학대전》에서, 최초의 원인인 신은 모든 활동체의 원인이 되므로, 도처에 그리고 만물 속에 있는 것으로 서술했다. 그는 신의 존재 증명도 아리스토텔레스처럼 우주론적인 증명(teleologisher Beweis)—경험계에 있는 모든 것들은 모두 인과적인 의존관계로 이루어져 있으며, 이런 인과적인 연쇄관계의 마지막 종점(終點)에 제1원인이 되는 신이 있다—을 통해 밝혔다. 이처럼 그는 아리스토텔레스적인 처지에서, 이 세계의 궁극적인 원인으로서 소위 '부동의 원동자'를 상정하고, 결국 사람은 자기 자신의 힘으로는 행복을 얻을 수 없으므로, 신의 도움이나 은총이 필요하다고 보았다. 은총이 우리로 하여금 신을 사랑하게끔 하고 신앙도 낳는다. 은총은 우리가 선한 행위를 계속적으로 하기 위해서도 필요하다. 신은 그가 창조한 것을 버리지 않는다, 신은 계시를 통해 사람들이 가야 할 길을 보여주기도 한다. 그는 이성과 신앙은 일치되어야 한다고 보면서, 신앙적인 진리와 이성에 의해 알려진 진리가 서로 대립적일 수 없음을 그 책에서 주장했다.

한편,《신학대전》은 3부로 이루어져 있는데, 제1부는 신, 만물과 인간에 관해, 제2부는 인간생활의 궁극적인 목적과 이에 도달하기 위한 방법에 관해, 제3부는 신에게 향하는 길인 그리스도에 관해 서술되어 있다. 신의 존재를 증명할 수 있는 여러 가지 방법들도 제시되어 있다. 이어서 법에 관한 글이 실려 있는데, 그는 여기서 역사적 의의가 있는 것으로 여겨지곤 하는 자연법 이론도 펼쳤다.

그는 법을 크게 영구법(永久法), 자연법, 신법(神法), 인간법으로 분류하고, 그 각각의 특징으로, 영구법은 신의 이성에 의한 영구적인 계획으로, 신법은 성서나 교회를 통해 제공된 기독교의 도덕이나 율법에 관한 법규로, 인간법은 만민법이나 시민법처럼 인간사회의 질서 유지와 관련된 행동의 지침을 제시하기 위해 고안된 것으로 서술했다. 그리고 자연법은 신이 지닌 이성의 반영으로, 선을 추구하고 악을 피하며, 자기 자신을 보존하며, 각자의 천성에 적합한 생활을 하도록 자연이 인간들에게 부여한 것이다. 그는 그 실례로서 인간들이 그들의 생활을 보존하며, 자녀를 보호하고 교육하며, 진리를 탐구하고, 지식을 발전시키는 성향을 들었다(정항희, 1993, 58~59면).

토마스 아퀴나스에 의하면, 통치자의 역할은 사람들이 공동선(善)을 실현하도록 기여하기 때문에 정당화된다. 통치자의 목적은 사람들이 행복하게 그리고 도덕적인 생활을 하게 하는데 있다. 폭군의 경우는 그런 역할을 져버린 까닭에, 사람들이 폭군에 대해 반항하는 것은 소요가 아니다. 법은 공동선을 위한 이성의 명령이며, 권력이란 공동선에 봉사하는 한계 내에서만 정당화된다. 그가 기독교에 기초한 정신적인 신권과 세속적인 왕권이 대립할 경우, 교회가 왕과 같은 세속적인 통치자를 폐할 수 있다고 본 것도, 신법에 기초한 신권이 공동선을 위한 이성의 명령에 부합하기 때문이다. 그는 인간법을 신법에 귀속시키려고 했으며, 계시, 신앙 그리고 이성은 서로 밀접하게 관련되어 있다고 보았다.

제5장 서양근세의 역사관

5.1 르네상스 사조와 변신론(theodicy)의 세속화 과정

서양 근대는 르네상스(renaissance)로부터 비롯된다. 르네상스라는 개념은 그 어원(語源)으로 보면 '재생' 또는 '부흥'(復興. rebirth)을 뜻하는 프랑스 말이다. 이때 르네상스는 주로 '고대 연구의 부활'을 뜻하며. 그 특징은 '세계의 발견'과 '인간의 발견'에 있다. 문예부흥 (文藝復興)이라고도 하며, 14~16세기 사이에 이탈리아를 중심으로 유럽 여러 나라에서 일어난 인간성 해방을 위한 문학과 예술운동을 가리키기도 한다.

이런 르네상스 시기의 3대 방향은 크게 휴머니즘, 종교개혁 그리고 발명(기술)과 발견(지리)에 있다. 이 가운데서도 휴머니즘은 근대의 역사철학을 이해하는 데 큰 도움이 된다. 휴머니즘이란 말은 라틴어의 후마니스타(humanista)에서 유래한 것으로 인간성·인류성 또는 인간미(人間味)라는 뜻이며, 일반적으로 인간성의 존중 또는 인본주의·인간주의·인도주의라는 뜻으로도 사용된다. 휴머니즘은 봉건제도와 개인의 봉건적 예속화에 대한 반항으로부터 발생한 것이다. 인간으로서 당연히 갖추어야 할 자태 또는 인간을 인간답게 하려는 본성을 존중하고 옹호하며 실현하려는 견해를 가리킨다. 고유한 본성을 이성, 자유, 박애 그리고 행복의 추구 또는 여기에 인간적인 정의(情意)와 본능적인 욕구 등을 가한 인간성의 전체, 이런 것들의 조화적인 발전이라고 해석하면서, 인간고유의 고귀한 가치와 품위, 그리고 창조적 표현으로서의 예술, 철학, 과학, 종교 등을 높이 존중하고 이런 것들을 억압하며 거부하려는 압력들로부터 이런 것들을 수호하고 옹호하는 것이 휴머니즘이라 하겠다(교육출판공사, 1985, 1282면).

이런 과정에서 이성의 시대(The age of reason)인 17세기를 거쳐 계몽의 시대(The age of enlightenment)인 18세기를 맞이하게 된다. 17세기의 이성을 아직도 종교적인 배경을 지닌 절대적인 이성이라 한다면, 계몽시대의 이성은 세속적인 인간의 이성이라 하겠다. 계몽주의자들은 이성이란 특수한 것이 아니라, 보편적인 것으로 모든 인간이 공통으로 지닌 능력이라고 보았다. 이성은 인간이면 누구나 지니고 있다는 이성의 보편성 위에 인류의 연대성(連帶性. solidarity)을 추구하려 하였다. 그리고 인류차원에서의 세계사에 관심을 지니게 되었다. 이성에 근거한 진보적인 관념도 싹터 세계사를 진보적인 관점에서 파악하려는 역사의식도 나타났다. 이런 시대상황 속에서 변신론의 세속화 과정이라 할 수 있는 계몽사관이 싹텄으며, 볼테르와 몽테스키외가 그 대표적인 사람이다.

5.2 진보사관·계몽사관의 형성

볼테르(François-Marie Arouet de Voltaire, 1694~1778)는 프랑스 계몽기의 대표적인 사상가이며 작가이다. 그는 이성과 자유를 내걸고 전제정치와 봉건제도를 비판했다. 그는 당시 유행했던 보쉬에(Bossuet)의 구제사관이나 섭리사관 등에 기초한 역사관이나, 보댕(J.

E. Bodin)의 정치사 중심의 역사서술
을 비판하면서, 역사가는 지구상에
존재하는 여러 민족의 습속과 정신
등에 관해 연구해야 한다고 하면서,
1753년에 《제(諸)민족의 풍습과 정신
에 관한 에세이》(*Essai sur les moeurs et
l'esprit des nations*)라는 책을 펴냈다.
그는 신의 의지나 섭리가 아닌 인간
의 의지와 이성에 그 무게의 중심을

▶ 볼테르

두면서 이 책을 서술했다. 그는 역사의 구심점을 정치사에서 정신사
로 옮기는 데 힘썼으며, 시대정신이나 국민정신을 찾아내어 서술하
는 데 힘썼다. 이런 그의 학문 자세 때문에, 훗날 그는 '역사철학'이
란 용어를 근대적인 의미로 사용한 최초의 사람이라고 일컬어지기도
한다.

　볼테르는 종교 이외에 사회, 문화, 예술, 철학, 과학 등에도 관심을
두면서 인간정신의 진보적인 측면들을 다루었다. 인간은 자연적인
본성에 있어서는 모두가 같지만 종교, 풍속, 환경 등에 의해 인간이
지닌 이성이 점차 개화되고, 인간성의 전체인 정신도 형성된다고 보
았다. 이런 견해 속에서 역사란 인간이 만들고 전개하고 진보시킨다
는 역사의식을 싹트게 하였다. 인류공통의 이성을 중시하면서 인류
의 연대성을 통한 인류의 보편사(普遍史)를 강조했다. 역사에 있어
진보라는 관념은 계몽된 이성의 한 단면이며, 그는 바로 이런 진보사
상의 선구자 역할을 했다. 그의 대표적인 저서로는 《철학서한》, 《철
학사전》, 《역사연구》, 《루이14세 시대사》, 《풍속사론》(風俗史論) 등이
있다.

이처럼 볼테르의 역사관은 인간정신을 역사의 동인으로 간주하면서, 역사에서 있었던 주요 사건들의 연관성을 역사정신의 흐름을 통해 파악하려 했다. 그의 역사관은 인간정신의 진보를 믿는 계몽사관에 근거한다. 계몽시대의 역사는 그의 견해에서도 들어나 있듯이 보편성과 연대성을 강조하면서 진보에 관한 신념으로 차있다. 아울러 그는 역사발전 과정을 그리스시대, 로마시대, 문예부흥시대, 루이14세시대로 나누어 서술하는 등 시대구분을 시도 했던 사람이다. 그는 역사를 후대인들을 위한 교훈사처럼 인식했으며, 자연의 세계에 대해 제2의 자연으로 역사적인 세계를 논하였다.

그(1775)는 역사철학이라는 용어를 근대적인 의미로 사용한 최초의 사람이다. 그는 역사철학을 교의와 도덕에 대한 인류투쟁의 보편사로 수용했으며, 역사신학을 비판하면서 신의 섭리가 아닌 진보사상을 펼쳐 나갔다. 그에 의해 역사철학은 새로운 전기가 마련된다(백승균, 1985, 38면).

5.3 일반정신과 인류보편사의 가능성

몽테스키외(Charles Louis de Secondat Montesquieu, 1689~1755)는 프랑스의 사상가, 법률학자로서 소위 백과전서가(百科全書家. Encyclopedistes)>4의 한 사람이다. 1748년에 간행된《법의 정신》이 그의 대표적인 저서이다. 그는 이 책에서 영국의 헌법을 높이 평가하고

>4 프랑스 백과전서(1751~1772)의 편찬에 종사하거나 협력한 18세기의 사상가나 학자들을 통틀어 이르는 말이다. 대표적인 사람들로는 디드로(Diderot), 달랑베르(d' Alembert), 그림(Grimm), 볼테르, 루소(Rousseau), 케네(Quesnay), 홀바하(d' Holbach), 마르몽텔(Marmontel) 등이다. 이들은 주로 합리주의적, 회의론적, 감각론적, 유물론적인 경향을 지닌다.

삼권분립의 필요성을 강조했다. 그의
저서는 훗날 미국 헌법 등 서구의 법과
정치제도에 큰 영향을 끼쳤으며, 역사
·철학·사회학적으로 높이 평가되어 오
고 있다.《법의 정신》이외에도《페르
시아 사람의 편지》,《로마인 성쇠 원인
론》등의 저서가 있다. 특히 1734년에
출판한《로마인 성쇠 원인론》에서는
볼테르가 그랬듯이 보쉬에(Bossuet)의

▶ 몽테스키외

섭리사관을 탈피하려 했다. 이어서 그는 사실에 근거한 과학적인 역
사를 서술하려 했다.

　몽테스키외는 기후, 종교, 법률, 정치 등으로부터 소위 '일반정신'
이 형성된다고 보았다. 이런 일반정신을 통해, 역사적·정신적 세계를
통일적으로 파악하려 하였다. 그에 따르면, 가장 넓은 의미의 법은
자연법―시대와 국정(國情)을 초월하여 통용되는 보편타당한 법률.
사회나 인간의 본성에 근거한 법칙이나 규범으로, 영구적·보편적이
며, 역사상의 여러 제도들에 대해 원리적·이상적인 의의를 지님― 이
며, 자연법은 인간이성을 대변해 준다. 요컨대, 자연법은 이성의 소
리이다. 이런 이성을 표준으로 해서 보편사가 성립된다. 이처럼 그는
인류보편사의 가능성을 이성을 통해 제시하려 했다. 그에 의하면, 계
몽사상이나 사관도 보편적인 이성을 통하여 나타난다.

　몽테스키외가 취한 역사 해석방법은 데카르트가 취한 방법과 유사
했다. 그는 보편적인 가치기준으로서 법을, 그런 법의 실행체로서 국
가를 내세웠다. 앞서 소개한《로마인 성쇠 원인론》에서도 그는 로마
의 멸망원인을 그런 법이나 국가가 제 기능을 발휘하지 못함에 의해

나타난 것으로 파악했다. 경제생활의 피폐, 상류계층의 허영, 도덕의
식의 타락 등으로 인해 보편적인 가치기준인 법이 제대로 실행되지
못했고, 국가도 제 기능을 제대로 수행하지 못하게 됨에 따라 멸망의
길을 걷게 되었다는 점이다.

5.4 민족사관과 세계시민의식 함양

이탈리아의 철학자이면서 법학자인 비코(Giovanni Battista Vico,
1668~1744)도 개인의식보다는 공동의식을 중시하면서, 인간성은 누
구나 비슷하므로 어떤 시대나 장소에서 인류에게 공통된 일정한 단
계가 있다고 보았다. 그는 데카르트의 철학사상을 비판하면서 자기
의 견해를 정립해 나갔다. 아울러 그는 영국 경험론자들(British em-
piricists)이 중요시하는 학문방법을 역사연구에 적용시켜, 개별적인
사실들에서 어떤 공통된 경향이나 순환을 발견했다. 그는 여러 국민
의 문화발전이나 정치현상을 관찰하여, (1) 신(神)들의 시대, (2) 영
웅의 시대, (3) 인간의 시대와 같은 단계를 제시하기도 했고, 역사의
흐름에는 발전하는 순류(順流. corso)도 있고, 몰락하는 역류(逆流.
ricorso)도 있음을 주장했다. 그는 역사를 이런 발전과 몰락의 연속과
정으로 파악함으로써, 그의 견해는 역사순환론(Kreislauflehre)에 기
울어졌다. 그는 이런 역사의 흐름에는 이성이나 도덕성과 더불어, 집
단정신(group mind)이 그 중요한 역할을 한다고 보았다. 그의 대표
적인 저서로는 1725년에 출판된《신학문》(The new science)이 있다.

이어서 독일의 철학자·문학자로 범신론 (汎神論. pantheism)적인
세계관을 펼친 헤르더(Johann Gottfried von Herder, 1744~1803)는,
인간의 역사는 인도(人道)이념의 실현과정이라 했다. 그는 계몽사관

에 근거해서 전 인류의 역사를 계속적인 진보의 관념으로 나타내려 했다. 그의 저서 가운데 《인류역사철학고》(*Ideen zur Philosophie der Geschichte der Menschheit*, 1828)는 계몽사관의 최고봉으로 간주되고 있다. 그는 기독교를 근대과학의 합리성과 조화시키려 했다. 그는 우주의 질서와 합목적성에 착안하여 전지전능한 우주창조자로서 신을 추론했다. 소위 진보의 과정은 신의 섭리에 의한 것이지만, 인류는 역사과정을 통해 인간 스스로 오성과 정의를 배워 나가도록 운명지어져 있다. 인류역사의 목적은 오성과 정의가 지배하는 공동체를 실현하는 데 있다.

혜르더에 의하면, 민족이나 민족의식이 역사에서는 중요시된다. 민족은 언어, 역사, 문화에 있어 공동체이다. 특수성을 통해 보편성에 이를 수 있다. 개체 안에 있는 것을 통해 전체를 보자. 민족문화를 통해 세계문화를 논의할 수 있다. 여러 민족의 역사를 통해서만 인류정신의 역사를 논의할 수 있다. 인류라는 인간성 일반에 관한 관념은 구체적인 민족, 민족의식과 결부되어 있다. 민족성의 근거에는 인류라는 보편성이 있다.

계몽사관, 진보사관에 근거한 민족이나 인류의 보편성에 관한 언급은 칸트(Immanuel Kant, 1724~1804)의 견해에서도 중요한 몫을 한다. 역사 철학에 관한 칸트의 첫 번째 논문은 1784년에 발표된 「세계시민의 처지에서의 일반사에 대한 이념」(一般歷史考. Idee zu einer Algemeine Geschichte in Weltburgeliche Absicht)이다. 칸트는 이 논문의 제8명제에서 '인류의 역사는 자연의 숨겨진 계획(hidden hand : 자연법적인 예정조화설이 스며있음)을 실현하는 과정'이라고 보았다. 완전한 국가헌법이란 인간이 지닌 소질을 완전히 계발·발전시킬 수 있는 계획이 들어있는 법이다. 그는 국가헌법이란 공동심판의 근거가 된다고 보면서, 법에 의한 평화를 중요시했다. 칸트는 보편적인 법이 준수되는 시민사회—국가 내와 국가 간에서도 법적인 규제가 성립하는 상태—를 인류사회의 목표로 설정한다. 이처럼 개인 간에, 국가 간에 법적인 규제가 있는 것이 자연의 계획이며, 신의 섭리이다.

한편, 헤겔(Georg Wilhelm Friedrich Hegel, 1770~1831)에 의하면, 역사철학의 주요 목표는 역사현상의 합리성(rationality)을 밝히는 일이다. 그에게 있어서도 이성(reason)은 중요시된다. 그런데 여기서 그가 말하는 이성은 각 개인이 지니는 이성보다는 세계사의 이성인 절대정신, 세계정신과 특히 관련되어 있다. 이런 이성은 역사에서 나타나는 구체적인 여러 정신들—예컨대, 주관정신, 객관정신—을 통해 자기의 이념을 합리적으로 실현해 나간다. 그는 '세계사는 세계정신의 자기실현과정이다' 라는 대전제 위에서, 세계정신이 현실에 나타나는 과정을 역사로 본다. 신의 이성은 자기의 보편적인 목적을 실현시키기 위해 역사에서 개인들의 이기심을 이용한다. 이것이 그가 말하는 이성의 간지(奸智. List der Vernunft)이다(Hegel, 19~33면). 그래서 신의 목적과 개인의 자유(Freiheit)가 조화되는 것으로 되어 나가며, 자유와 필연의 문제는 형이상학적인 예정조화설로써 해결한다.

아울러, 헤겔은 역사철학의 연구대상을 세계사로 규정했다. 헤겔의 역사관은 주관정신으로부터, 객관정신을 거쳐, 절대정신으로 올라가는 철학체계이다. 세계이성이 실현되는 마당은 객관정신으로서의 국가(Staat)이다. 세계사에서 중요시되는 것은 국가를 형성한 민족(Volk)이다. 국가를 형성하지 못한 민족은 세계사외적(世界史外的)인 민족이다. 그는 주관정신과 절대정신의 중간단계로서 민족정신(Volksgeist)을 설정하였다. 물론, 철학자는 세계사적인 역사를 다룬다. 세계정신(Weltgeist)은 민족정신의 흥망이라는 매개를 통해 자기의 현실성을 높여간다. 세계정신의 발전은 현실의 민족정신을 계기로 하여 보다 불완전한 민족정신으로부터 완전한 것에로 높아 가는 과정이다.

그러나 헤르더, 칸트, 헤겔에게서 나타나는 이런 사변적인 역사관은 실증적인 방법을 내세우는 랑케(Leopold von Ranke, 1795~1886)와 마르크스(Karl Marx, 1818~1883)등에 의해 비판을 받게 된다. '과거사실을 있는 그대로'(wie es eigentlich gewesen ist) 조사하려는 랑케의 실증사관과, '역사에 있어 그 발전은 경제적인 토대(하부구조)에 의해 규정된다'는 경제결정론에 근거한 유물사관에 의해서 말이다.

(이제까지 간략하게 언급한 비코, 헤르더, 칸트, 헤겔, 랑케, 마르크스의 역사관에 관해선 이 책의 '제3부 대표적인 학자들의 역사관'에서 더 상세히 제시된다.)

제6장 현대의 역사관

6.1 사변적인 역사관의 퇴조와 비판적인 역사관의 대두

20세기에 들어 두드러진 경향은 중세나 근세의 역사철학 경향에서, 그리고 헤겔이나 마르크스와 같은 사람들에 의해 펼쳐진 사변적인 역사관(speculative philosophy of history)에 대해 소극적이라는 점이다. 역사에서 더 중요한 것은 역사가의 어떤 이념이나 사상이라기보다는 역사상 중요시되는 사실이나 사상이 깃들어 있는 기록이나 문헌이라는 점이다.

한편, 경험이나 실증을 중요시하는 경향도 도외시할 수 없다. 이는 실증성을 중시하는 자연과학의 발전과 더불어 나타난 자연스런 풍조라 하겠다. 자연과학의 발달과 새로운 기술공학에 힘입어 고고학이 발달하게 되었고, 고고학의 발달은 역사에서 나타나는 많은 쟁점들을 해결해 주었다. 사료가 없거나 검증되지 않은 사료에 근거해서 역사서술을 한다는 것은 허구에 가깝다고 할 수 있다. 역사는 실증된 구체적인 사료에 의해 뒷받침되어야 한다. 사료를 결여한 역사는 소설에 더 가깝다. 실증의 중요성은 자연과학분야에만 적용되는 것이 아니다. 사료에 근거한 실증성을 통한 주장이 과학이나 역사에서 모두 설득력을 지니게 되었다. 정확한 사료를 통해, 역사에서의 인과관

계를 찾아내어, 역사에서의 사건들이 어떻게 전개되었는지를 읽는
이나 듣는 이로 하여금 이해 가능한 언어로 제시하는 것이 중요시되
었다. 나아가서는 그런 것을 토대로 역사의 흐름이 어디로 향할 것인
지도 알려 줄 수 있어야 한다. 이런 점에서 역사가는 도덕적인 비전
도 지녀야 할 것으로 여겨진다.

그러나 랑케식의 실증사학은 그 문제점도 드러나게 되었다. 과거
사실을 있는 그대로 조사하고 기술하려는 방법, 역사의 단위를 국민
국가에 두려는 접근방법, 다분히 유럽중심의 세계사, 낙관론과 진보
사관에 호의적인 경향 등으로 대표되는 랑케사학은 특히 20세기에
접어들어 발생한 민족이나 국가들 사이에 갈등이나 충돌을 해결하는
데 있어 도움을 주는 데 한계가 있었다. 그리하여 '과거를 사실 그대
로 정확하게 알기 위한 역사' 만으로는 역사에서 그 의의를 찾기 어려
워졌다. 한 걸음 더 나아가 '현재나 미래를 어떻게 살아가야 할 것인
지에 도움을 주는 역사' 로 역사를 파악하는 자세에서, 역사의 의의를
또한 찾게 되었다.

20세기 중반에 이르러 사변적인 역사관에 대한 비판과 더불어 나
타난 것이 비판적인 역사관(critical philosophy of history)의 대두이
다. 비판적인 역사관을 옹호하는 철학자들은 구체적이고 실제적인
것을 중요시하는 한편, 기존의 역사철학에서 강조하던 일단의 것들
에 대해 문제제기와 더불어 비판을 가한다. 아울러 역사에서 중요시
되는 개념들이나 방법들에 관해 분석을 가한다. 예컨대, 역사에서의
설명이나 서술을 과학에서의 설명이나 서술과 비교하면서 그 특징을
밝히는 방법이 그것이다. 이런 점에서 비판적인 역사철학은 분석적
인 역사철학이라고도 한다.

그래서 현대에 이르러서는 '역사란 무엇인가?' 라는 역사에 관한

본질적인 질문을 던지면서, 역사가 지닌 특성을 찾아보려는 경향이
많아졌다. 역사에 관해 다시 한 번 숙고하는 경향이라 하겠다. 이런
숙고를 통해 보다 질적으로 고양된 역사학이 가능해 지게 되었다. 그
구체적인 예로는 "역사는 과학인가?"라는 질문을 던지면서, 역사와
과학의 유사점과 차이점, 역사에서의 설명논리, 원인과 이유, 역사에
서의 인과성문제 등을 다루는 것을 들 수 있다.

한편 역사서술이 지닌 특징을 구명(究明)하는 것으로서는 헴펠의
포괄법칙형 설명, 오우크쇼트의 연속계열형 설명, 콜링우드의 이유
에 의한 설명, 드레이의 개념에 의한 설명 등을 들 수 있다. 역사에서
의 사건들을 서술할 경우에도 그 대상을 어디에다 둘 것인가에 따라
몇 가지 경향이 있을 수 있다. 최근 들어 제기된 거시분석이나 미시
분석에 의한 거시사와 미시사가 그 경우이다. (비판적인 역사관에 기
초한 이런 측면에 관한 서술은 이 책의 제1부에서 비교적 자세히 언
급하였으므로 여기서는 생략하기로 한다.)

6.2 문명사관의 발흥 및 열린사회 요청

비판적인 역사관과 더불어 현대에 나타난 또 하나의 특징은 문명사
관의 발흥을 들 수 있다. 진보사관, 필연사관, 직선사관보다는 순환사
관에 근거한 문명사관이 우세하게 나타났고 사람들의 관심도 끌었다.
이런 문명사관이 그동안 슈펭글러(Oswald Spengler, 1880~1936)
나 토인비(Arnold Joseph Toynbee, 1889~1975)에 의해 비교적 널리
알려 졌지만, 현재에 이르러서는 문명들 사이의 충돌에 관한 견해들
도 펼쳐져 우리의 관심을 끌고 있다. 힘을 바탕으로 한 군사적인 무
력충돌이나, 경제문제로 인한 충돌이나, 이데올로기가 서로 다름에

의해 나타나는 충돌이나, 인종들 사이에 나타나는 충돌에 더하여, 이
제는 문명들 사이에 충돌이 빈번해지고 있다는 점이다.

　슈펭글러는 독일의 문화철학자로 세계사 형태학(Morphologie der
Weltgeschichte)이라는 방법론에 의해 세계사를 이해하려 했다. 그는
죽은 형태를 파악하는 수단을 수학적인 법칙에서, 산 형태를 이해하
는 수단을 유기체적인 유추에서 각각 찾으려 했다. 모든 현상은 위에
제시된 두 방법에 의해 파악 또는 이해될 수 있으며, 세계사는 생명
·생성의 상(像)이라 하였다. 그의 이런 견해는 괴테(J. W. von
Goethe), 니체(F. W. Nietzsche), 딜타이(W. Dilthey) 등의 영향을 많
이 받으면서 형성되었고, 토인비에게 많은 영향을 끼쳤다. 토인비 또
한 슈펭글러처럼 순환사관에 의한 문명사를 말하지만, 슈펭글러에
비해서는 발전적인 순환사관을 펼쳤다. 이들의 역사관에 관해선 제3
부에서 별도로 언급하게 되므로 여기서는 이 정도로 한다.

　한편, 문명들 사이의 충돌에 관해 이해하기 위해선 헌팅턴(S. P.
Huntington)의 견해를 소홀히 할 수 없다. 그는 탈냉전시대를 대표
하는 보수적인 현실주의(conservative realism)에 속하는 역사철학자
이다. 그는 보편사와 보편문명의 가능성은 이상적일 수 있지만 실제
로는 실현되기 힘들다고 하면서 그의 견해를 펼쳤다. 그는 역사적으
로 존재한 문명들로, 중화(Sinic), 일본(Japanese), 힌두(Hindu), 이
슬람(Islamic), 정교(Orthodox), 서구(Western), 라틴아메리카(Latin
America), 아프리카(Africa)의 8개를 들었다.

　그는 언어와 종교가 문명이나 문화에서 핵심이 되는 요소들이므로,
보편문명이 나타나려면 보편언어와 보편종교가 형성되어야 한다고
했다. 그런데 현실은 그렇지 않다. 언어와 종교의 전파는 문화의 이식
이나 정체성의 형성에까지 이르지는 않는다는 것이 그의 주장이다.

그에 의하면 탈냉전의 세계구도에서 문명들 사이의 대립과 충돌은 불가피한 사실이다. 헌팅턴은 문명과 문명 사이의 단층선(fault lines)이 있어 충돌의 위험이 있는 것을 크게 미시적인 차원과 거시적인 차원으로 나누고, 미시적 차원에서는 이슬람, 정교, 힌두, 아프리카, 서구 기독교 문명 사이에, 거시적인 차원에서는 서구와 비서구의 대립으로, 가장 격렬하게는 이슬람·아시아와 서구 사이에 그런 문명단층선으로 인한 충돌이 야기될 것으로 전망했다(임희완, 2003, 334면; Huntington, 1996, 183~198면).

이런 헌팅턴의 견해에 대해 뮐러(Harald Müller, 1949~)는 그 (1998)의 저서인 《문명의 공존》(*Das Zusammenleben der Kulturen*)에서, 인류를 문명이나 종교를 중심으로 단층선을 긋는 것은 문제가 있음을 지적하면서, 단층선에 의한 분류에 앞서 인류라는 보편적인 동질성을 중요시했다. 그는 서구의 문명이 후쿠야마(Francis Fukuyama, 1952~)가 말하는 '역사의 종말'에 이른 것처럼 완전한 것도 아니고, 헌팅턴의 주장처럼 '문명의 충돌'로 치닫는 것처럼 그렇게 위험한 것도 아니라고 보았다. 뮐러에 의하면 헌팅턴의 문명충돌론은 어설픈 단순화에 따른 흑백논리식 주장에 불과하다. 이어서 그는 서구 문명에서 찾아볼 수 있는 인권, 합리주의, 국민재권, 법치주의, 개인주의, 문화다원주의 등은 우리 인류가 함께 지향해야 할 가치 있는 덕목들로 인정했다. 물론, 이런 덕목들은 서구에서도 주로 근세 이후에 형성된 것이지, 예전부터 있었던 것은 아니다. 더군다나 서구에만 한정된 덕목들도 아니다. 이런 보편적인 가치에 도달하기 위해서는 수많은 시행착오와 어려운 과정이 있었음을 우리는 역사를 통해 알 수 있다(임희완, 2003, 384면).

한편, 포퍼(Karl R. Popper, 1902~1993)는 과학의 진보는 지식의

성장을 통해서며, 지식의 성장은 새로운 가설이나 이론을 제시하고, 그런 가설이나 이론이 지닌 약점을 반복된 관찰이나 실험에 의해 제거하려는 데서 이루어진다고 했다. 과학사는 제시와 반박, 이론과 실험이 연속되는 과정이다. 문제가 발생하면 그 문제를 해결하기 위해 잠정적인 특성을 지니는 이론이 제시되며, 제시된 이론은 오류를 제거하기 위해 비판의 과정을 겪는다. 과실제거에 의해 수정된 이론이라 하여 완벽할 수는 없다. 또 다른 새로운 문제가 제기될 수 있기 때문이다. 모든 가설이나 이론은 반박될 가능성을 지닌 잠정적인 것에 불과하다(안건훈, 2001, 181~182면; Popper, 1968, 132~133면).

지식이 성장하려면 반증가능성(refutability)이 있어야 하며, 지식의 성장을 통한 진보를 위해서는 열린 사회(open society)—자유로운 토론과 비판이 가능한 분위기가 조성되어 있는 사회, 합리적인 정신을 기초로 하는 사회—이어야 한다. 이런 점에서 그는 닫힌 사회(closed society)—전체나 집단주의적인 사회, 절대와 독단이 지배하여 자유로운 토론이 허용되지 않는 사회, 비합리적인 정신이 깃든 사회—를 비판하면서, 그런 사회에 익숙해져 있는 사람들을 열린 사회의 적으로 규정했다(안건훈, 182면).

이처럼 그는 지식이 성장하기 위해서는, 그리고 역사가 발전하기 위해서는 자유민주주의 사회와 같은 열린 사회임을 주장하면서, 전체주의 사회의 문제점을 지적함과 더불어 특히 마르크스 역사주의에 관해서 비판을 가했다. 마르크스가 역사결정론에서 내세우는 예언이란 개념은 과학자들이 사용하는 예측과는 그 성격이 매우 다르다는 점이다. 전자는 종교적인 믿음과 가까운 것으로 반증가능성 여부를 근원적으로 논할 수 없다.

6.3 보편사, 탈 역사시대 및 그 문제점

냉전시대 이후를 대표하는 역사철학자 가운데 한 사람인 후쿠야마
는 자유와 평등에 기초한 자유민주주의를 높이 평가했다. 이어서 그
것을 향한 인류의 보편사를 제시하면서, 탈 역사시대와 역사시대의
특징들에 관해서도 말했다. 헌팅턴도 후쿠야마도 탈냉전시대를 대표
하는 사람들이지만, 현실에서 나타나는 갈등구조 속에서 문명을 논
하는 헌팅턴과는 달리, 후쿠야마는 보편사를 주장한다는 점에서 그
의 견해는 헌팅턴과는 차이를 보인다. 그는 칸트, 헤겔, 마르크스가
그랬듯이 역사에는 일정한 목표와 방향을 향해 나아가는 큰 흐름이
있다는데 의견을 같이 했다. 그러면서 그는 인간자유의 자아실현
(self-realization of human freedom)을 역사의 가장 큰 목표로 설정했
다(임희완, 2003, 200면).

후쿠야마는 그(1992)의 대표적인 저서인 《역사의 종말》(*The end of
history and the last man*)을 통해, 공산주의의 붕괴는 냉전과 이데올로
기의 싸움을 끝나게 했다고 파악했다. 그에 의하면 공산주의의 붕괴
로, 역사의 흐름이 더 이상 진보할 필요가 없는 이상적인 상태에 이
르렀는데, 그것이 다름 아닌 보편적인 정치지도 이념으로서의 자유
민주주의(liberal democracy)와, 경제지도 이념으로서의 자유시장경
제(free market economy)이다. 그는 역사의 흐름을 낙관적으로 파악
한다는 측면에서 칸트나 헤겔의 견해와 유사하다. 그는 근대 민주주
의를 떠받치는 두 가지 큰 원리를 '자유'와 '평등'으로 보면서, 민주
주의가 비교적 먼저 싹트고 실현된 미국이나 서구의 여러 나라들이
아직도 사회문제들로 어려움에 처해 있는 것은, 자유민주주의의 문
제점이라기보다는 그런 원리들이 적용되는 방식에 문제가 있기 때문

으로 보았다. 그는 헤겔이나 마르크스처럼 역사의 보편적인 진화과
정을 믿으면서 다음과 같이 말했다.

> 인간사회에서는 인간의 근본적인 욕구가 이루어지면, 인간사회의 진
> 보는 일단 정지한다고 나는 믿는다. 헤겔은 역사의 종말을 자유주의
> 국가의 실현이라고 믿는 반면에, 마르크스는 공산주의 사회의 실현이
> 라고 믿었다. 나는 그것을 자유민주주의의 실현이라고 확신하고 있다
> (임희완, 202면).

헤겔은 인간이 다른 동물들과 다른 점으로 '인정받으려는 본성'을
내세우면서, 이런 본성이 역사를 움직이는 원동력이라고 생각했는데
>5 후쿠야마도 바로 이점을 중시했다. 나아가서 그는 이 본성을 충족
시켜주는 이상적인 정치체제로 자유민주주의를 들었다. 경제지도 이
념으로 자유시장경제를 중시한 것도 같은 맥락이다. 그는 경제와 정
치의 연결교리를 '인정받으려는 본성'에서 찾으려 했고, 이를 인류
공통의 보편적인 특성으로 여겼다. 칸트가 '사교적인 사회성'을, 헤
겔이 '이성의 간계'를 통해 역사의 진보를 주장했다면, 후쿠야마는
이런 '인정받으려는 본성'과 그에 따른 투쟁을 역사를 움직이는 원동
력으로 간주했다.
　그는 칸트와 헤겔이 그랬듯이 보편사로서의 인류의 역사를 중시했
다. 앞서 말한 자유민주주의를 떠받치는 자유와 평등이라는 양대 원

>5　플라톤에 의하면, 인간의 영혼에는 외적인 사물을 소유하려는 욕망(desire), 합리적인 사고를
추구하려는 이성(reason), 그리고 자신의 가치를 인정받고 싶어하는 튜모스(thymos), 곧 '정신적
인 활력'(spiritedness)이 있다. 이 가운데 튜모스가 헤겔의 표현으로 보면 '인정받으려는 본성'과
상통한다. 이는 인간이 태어나면서 지니는 정의로운 감정이나 자존심과 같은 영적인 패기를 뜻한다
(Fukuyama, 1992, pp.xvi~xvii; 임희완, 2003, 206면).

리도 인간의 본성에 근거한 보편적인 원칙이다. 아울러 보편사에 관한 그의 주장에 힘을 실어주는 요인들로, 그는 '근대 자연과학의 발달', '자유시장경제의 발달', '교육수준의 향상'을 들었다.

한편, 후쿠야마는 가까운 장래에 세계는 '역사를 벗어난 지역'(a post-historical part. 탈 역사세계)과, 아직도 '역사에 매달려 있는 지역'(a historical part. 역사세계)으로 나누어 질 것으로 전망했다. 그에 의하면 탈 역사세계에서는 경제가 국가 간 상호작용의 주축이 되어 군비증강이 소홀해지는 반면에 경제경쟁은 활발해진다. 경제적인 합리성이 시장과 생산의 일체화를 추진하고, 전통적인 국가주권의 특징들은 점차 없어진다. 반면에 역사세계에서는 여전히 무력외교와 종교, 민족적 이데올로기가 작용한다(251면). 탈 역사세계와 역사세계와의 충돌은 이어질 것이지만, 진정한 세계평화는 '자유민주주의'와 '인정받으려는 인간의 열망'에 기초해서만 가능하다(220면). 아울러 영구적인 평화는 칸트가 시사했듯이, 공화주의(자유민주주의) 헌법을 공유하는 '자유로운 나라들로 구성된 연맹 위에 기초해야 한다는 것'에 호의적이면서, 이런 자유민주주의가 진정으로 모든 사람들의 마음을 만족시키는 체제인지도 숙고하고 점검해야 함도 잊지 않았다.

그러나 미국과 같은 현대문명사회에 내재하는 문제점들도 무시할 수는 없다. 그런 점에서 월러스타인(Immanuel Wallerstein)이나 버먼(Morris Berman)이 지적한 현재 미국문화에서 드러나는 문제점들도 주시할 만하다. 월러스타인은 그의 대표적인 저서인 《근대세계체제》(*The modern world-system I–II*)에서 자본주의의 문제점을 지적하면서 기존의 자본주의적인 세계체제, 자본주의적인 세계경제를 대체할, 새로운 세계체제로서의 진정한 사회주의, 사회주의적인 세계정부를 주장했다. 독점방식이 횡행하고, 모든 것을 상품화하는 자본주의 체제는 인간의 본성에 거슬리는 불합리한 제도로서, 개인의 자유경쟁이나 계약도, 평등한 주권국가도 그 체제에서는 생각할 수 없다는 점이다.

버먼의 경우는 그(2000)의 저서인《미국문화의 황혼》(The twilight of American culture)에서, 미국사회의 몰락은 역사상 이제까지 있었던 다른 문명들처럼 피할 수 없다고 보면서, 현대 미국사회에 널리 퍼지고 있는 문제점들로 '사회적·경제적 불평등의 가속화현상', '사회보장제도의 약화현상', '일반적인 지적수준의 급격한 저하', '상업적인 소비주의에 빠진 정신적인 죽음'을 들었다. 그에 의하면 이런 현상들은 로마 문명의 몰락 원인들과 비슷하다는 점이다. 그러면서도 로마 멸망 후에 수도원의 일부학자들이 고전문화를 보존하여 후에 르네상스와 같은 지적인 부흥으로 소생하게 했듯이, 오늘날에 있어서도 미국의 재건을 위해서는 의식을 지닌 인재들이 필요함을 역설했다. 황혼이 있으면 새벽이 있듯이 미래에 대한 희망을 잃지 않으면서 말이다.

6.4 미래학의 등장 및 역사범위 확대

6.4.1 미래학의 등장

20세기에 접어들어 나타난 또 하나의 특징은 미래학의 등장이다. 미래학은 앞으로 닥쳐올 미래를 여러 각도에서 연구·추론하는 학문을 통틀어 일컫는 말이다. 산업사회의 발달에 따라 인간환경·사회구조도 급속히 크게 변화하여 왔는데, 여기에 미처 적응해 나가지 못하는 과정에서 일어나는 여러 가지 사회병리현상을, 경제·사회·문화 등의 처지에서 미리 예측·대비해 나가려는 학문이다. 아울러 대비 없이 맞이하는 미래보다, 우리가 장래 사회를 미리 예측하여 더 나은 미래 문명을 이루려는 데 미래학의 의의가 있다. 미래학과 관련된 대표적인 사람들로는 갤브레이스(John Kenneth Galbraith)처럼 경제학의 처지에서 바람직한 새로운 사회를 모색하려는 사람도 있고, 토플러(Alvin Toffler)처럼 문명사의 처지에서 접근하는 사람도 있다. 다니엘 벨(Daniel Bell), 폴 케네디(Paul Kennedy), 피터 드레커(Peter Drecker) 등도 그 나름대로의 미래를 예측하면서 집필 활동을 하여 왔다. 여기서는 인류문명의 미래에 관해 앨빈 토플러의 견해를 중심으로 살펴보려 한다.

앨빈 토플러(1928~)는 《권력이동》, 《미래의 충격》, 《제3의 물결》 등의 저서를 통해 미래에 관한 자기의 견해를 펼쳤는데, 이 가운데서도 1980년에 펴낸 《제3의 물결》이 가장 잘 알려져 있다. 그의 물결이론(the wave theory)에 의하면, 인류문명사에서 첫 번째 나타난 큰 변화의 물결(제1의 물결)은 약 1만 년 전에 일어난 유목문화에서 농경문화에로의 이행이다. 인류는 이리저리 옮겨 다니면서 유목생활을 하던 것에서 벗어나 일정한 곳에 삶의 터전을 마련하고 정착해서 농경생활을 하게 되었다는 것이다. 두 번째 나타난 큰 변화의 물결(제2의 물결)은 18세기에 일어난 가내 수공업에서 공장제 공업으로 이행한 산업혁명이다. 이 시기는 기계 발명과 분업에 기초한 공장생산을 통해 대량생산과 자본축적이 가능해진 시기다. 자본주의가 발달하던 시대와 그 궤를 같이 한다. 세 번째 나타난 큰 변화의 물결(제3의 물결)은 1950년대에 나타나기 시작한 전자정보 혁신을 통한 정보와 지식의 확산시대이다. 이 시대를 이끌어 갈 사람은 창의적인 지식과 정보를 지니면서 실천하는 그런 자이다. 그는 인류문명의 장래를 낙관

적으로 바라보는 미래학자다. 창의적인 지식과 정보를 지닌 혁신적
인 사람들에 의해, 다양한 문화가 전개되는 안정된 민주사회가 도래
할 것으로 그는 보기 때문이다.

6.4.2 역사범위 확대

과거에는 역사라고 하면 인간에 관한 역사를 가리켰으며, 인간의
역사 가운데서도 왕조의 흥망성쇠를 다루는 왕조사 중심의 정치사였
다. 그러던 것이 점차 정치사뿐만 아니라 경제사, 사회 문화사 등으
로 서술 범위가 확대되어 왔다. 현대에 와서는 이런 경향이 더욱 두
드러져서, 이제는 자연사에 관한 연구도 활발하여, 세계 곳곳에서 그
연구 영역이 널리 확대되고 있다. 뿐만 아니라 인간의 역사를 들어
살펴본다 하더라도, 과거에는 역사에서의 탐구대상이 국사 위주였던
것이 지금은 향토사와 같은 보다 구체적이고 실질적인 연구에도 힘
을 쏟는 경향이 있다.

인간이 걸어온 길을 보다 옳게 이해하기 위해서는, 어느 한 측면이
나 몇몇 측면들에 그 초점을 두어 연구하거나 서술함에서 벗어나 그
대상을 넓혀 나가는 것이 바람직하다. 현대에 와서 움트고 있는 자연
사의 경우도 마찬가지다. 어느 한 동물이나 몇몇 동식물의 역사에 그
초점을 두어 연구하거나 서술함은 연구 초기에는 여러 가지 여건 때
문에 어쩔 수 없다지만, 바람직한 것은 생태계 전체에 그 초점을 두
어 연구하거나 서술하는 자세라 하겠다.

물론, 이런 일들을 일부 사람이나 기관에서 전담하는 데는 그 한계
점이 있다. 이런 점에서 전문 인력의 확대뿐만 아니라, 역사교육의
중요성과 더불어 역사에 관한 일반 대중들의 인식전환도 필요하다.
박물관을 들어 비교한다 하더라도, 우리나라의 경우, 다른 OECD 국

가들에 비해 우선 그 수에 있어 상당히 열세에 놓여 있는 상태다. 뿐만 아니라 골목마다 거리마다 너무 현대적인 것, 새것으로만 채워져 있어, 삶의 흐름을 전반적으로 크게 이해하는 데 아쉬움이 있다.

현대에 이르러 여러 나라에서 역사 유물들에 관한 관심이 높아지고 유물들을 소중히 여기는 풍조가 확산되고 있음은 이런 점에서 매우 다행스런 일이다. 우리도 이에 소홀히 해서는 안 된다. 오랜 역사를 지닌 바로 그런 우리나라이기에 더욱 그렇다.

제Ⅲ부 학자들의 역사관

제3부에서는 대표적인 철학자들의 역사에 관한 견해를 구체적으로 살펴보기로 한다. 우선, 시대 순으로 보아 먼 옛날 중국에서 있었던 대표적인 사관을 공자, 동중서, 사마천과 같은 유가철학자들의 견해에서 찾아 정리하여 보려한다. 물론, 그들의 역사관이 체계적·집중적으로 연구된 바는 현재로서는 드문 일이나, 앞으로 누군가에 의해 보다 치밀하게 탐구되길 기대하면서, 관련된 몇 편의 논문들이나 책들에 근거하여 정리하려 한다.

이어서 근세의 역사철학자인 비코와 헤르더의 견해를 살펴보기로 한다. 경험적인 방법에 의해 개별적인 사실들에서 어떤 공통된 경향이나 순환을 발견했던 비코와, 계몽사관에 근거해서 전 인류의 역사를 계속적인 진보의 관념으로 나타내려 했던 헤르더의 견해를 말이다. 계몽사관, 진보사관에 근거해서 민족이나 인류의 보편성에 관한 언급을 하면서, 보편적인 법이 준수되는 시민사회, 인류사회를 꿈꿨던 칸트나, '세계사는 세계정신의 자기실현 과정이다'라는 대전제 위에서, 세계정신이 현실에 나타나는 과정을 역사로 파악한 헤겔의 역사관에 관해서도 좀 더 구체적으로 살펴볼 필요가 있다. 헤르더, 칸트, 헤겔에게서 나타나는 이런 사변적인 역사관에 대해 이의를 제기하면서, 실증적인 방법을 내세우는 랑케(Leopold von Ranke,

1795~1886)와 마르크스(Karl Marx, 1818~1883)의 역사관도 그 나름의 의의가 있다.

아울러 현대의 대표적인 문명사학자인 슈펭글러와 토인비의 순환사관·문명사관을 살펴보면서, 이 두 사람에게서 나타나는 유사성과 차이점들에 관해서도 정리해보는 것이 도움이 되겠다.

제7장 공자, 동중서, 사마천의 인의대일통 사상

7.1 배경

    필자는 제7장에서 중국의 경우 역사나 역사관을 말할 때, 흔히 거론되는 인물들인 공자(孔子, B.C. 552~479), 동중서(董仲舒, B.C. 179~93), 사마천(司馬遷, B.C. 145~86)을 통해 그들의 역사관을 살펴보고자 한다.[1] 공자는 유가(儒家)의 시조로서, 그의 사상의 중심에는 개인생활과 사회질서를 위한 예(禮)와, 인간의 도덕성 함양의 기초로 삼은 인(仁)이 있었다. 그는 정치적으로는 주나라를 문화적으로는 하·은·주(夏殷周) 3대를 동경하고 기리던 사람이다. 한편, 동중서는 전한(前漢) 무제(武帝) 때, 이학금제(異學禁制)의 의견을 왕에게 제시하여 그 후 후세에 유교가 중국의 국교로 되는 바탕을 마련했다. 사마천은 무제(武帝) 때, 흉노(匈奴)에게 항복한 이능(李陵)을 변호한 죄로 하옥(下獄)당하였던 사람으로, 옥중에서 백이(伯夷)·숙제(叔

> [1]   이들 이외에 중국인들 가운데는 청나라 말기에 활동했던 장학성(章學誠)처럼 사학이론에 관심을 지니면서 자기주장을 펼친 사람도 있다. 그는 소위 절동학파사학(浙東學派史學)의 완성자이기도 하다. 그는 역사를 기술하는 방법으로는 사건마다 간추려서 기술하는 방법인 기사본말체(紀事本末體)를 주장했으며, 대표적인 저서로서는 1832년에 펴낸 문사통의(文史通義)가 있다. 그러나 본 저서에서 다루려는 세 사람들과는 생활했던 시대가 너무나도 차이가 나기 때문에, 생략하기로 한다.

齊)와 같은 어진 사람(仁人)이 굶어 죽고, 큰 도둑이 오래오래 장수 (長壽)하는 이런 모순을 하늘의 도(天道)는 옳다고 보는가, 그르다고 보는가하고 한탄하면서, 《사기》(史記) 130권을 저술하였던 사람이다.

필자는 제7장을 통해 그들의 역사관을 알아보기 위해, 공자의 경우는 《춘추》(春秋), 동중서의 경우는 《춘추번로》(春秋繁露), 사마천의 경우는 《사기》를 통해, 그들의 역사관에서 나타나는 유사점과 차이점, 나아가서는 시사점까지도 살펴보려 한다.

7.2 유사점들

중국에서 발생한 여러 학파들 가운데 비교적 역사를 중시했던 학파는 유가라 할 수 있으며, 그 대표적인 인물들로는 공자, 동중서, 사마천을 들 수 있다. 이들은 유가에서 중시하는 인의(仁義)를 실현하려고 노력했던 사람들이다. 이들은 인의로 대일통(大一統)하려고 했

▶ 노자를 찾아간 공자

▶ 사마천

던 사람들이다. 예컨대, 공자가 《춘추》를 통해 말하려 했던 왕도정치(王道政治)는 주체상 인의에 의한, 내용상 인의를, 방법상 인의로, 목적상 인의를 위한 정치였다(남상호, 2000a, 211면). 사마천은 주공(周公)에서 공자까지를 5백년, 공자 사후로부터 자기가 살던 시대까지를 5백년이라 하고, 자기는 주공과 공자의 도를 이어받은 자라는 사명감으로 글을 썼다. 그는 공자 이후 단절된 문물을 계승함으로써 제2의 춘추를 쓰길 바란 부친 사마담(司馬談)의 뜻을 적극 수용하려 했다(남상호, 2000b, 6면). 그의 그런 의지는 중국 최초의 통사(通史)인 《사기》>2를 쓰게 되는 것으로 이어졌다.

이들은 사료(史料)를 중시했다. 사료에 근거하여 역사에서 어떤 법칙을 찾아내려 했으며, 이를 자연에서 발견되는 법칙과도 관련시키려 했던 사람들이다. 아울러 이들은 실증성을 강조했다. 공자의 경우, 상서(上書)인 《서경》(書經)에서는 천자(天子)나 제후(諸侯)들의 말을 기록하던 좌사(左史)의 기록에 초점을 둔 반면에, 《춘추》(春秋)

>2 《사기》는 '본기'(本紀) 12편, '서'(書) 8편, '표'(表) 10편, '세가'(世家) 30편, '열전'(列傳) 70편, 이렇게 다섯 부문으로 되어있다. '본기'의 '기'(紀)는 기록한다는 뜻의 '기'(記)와 같고, '사실에 근거(本)하여 그것을 기(록)한다'는 뜻에서 '본기'라는 설이 나왔다는 설이 있다. 말하자면 '사실기록'이라는 것이다. 그런데 《사기》의 '본기'를 보면 「항우본기」(項羽本紀), 「여후본기」(呂后本紀)의 둘을 제외한 다른 '본기'는 모두 공인된 제왕의 역사이다. 그리하여 기(紀)는 이(理, 도리)의 뜻으로서 후세를 위한 중요한 다스림의 법도를 나타낸다고 해석하는 설도 있다(민두기, 1993, 上, 257면). '서'는 「평준서」(平準書)만을 제외하고는 점성술사적 주술사(呪術師)의 체계적 세계관이다(260면). 《사기》에서 '서'를 제외한 다른 부문은 통사를 목적으로 한다. 오랜 전 시대의 것은 기록이 모자랐으므로, '본기', '표', '세가', '열전' 모두 진한(秦漢)시대가 반 또는 그 이상을 점하고 있다(262면).

에서는 그런 말들이 실제로 행하여졌는지를 기록하는 우사(右史)의
기록에 초점을 두었다. 이처럼 천자나 제후의 언행이 일치하는지를
파악하려 했던 사람이 공자이다. 그러나 공자, 동중서, 사마천 가운
데서도 특히 사료를 중시하면서 실제 답사를 많이 했던 사람은 사마
천이다. 동중서 또한 사마천에 미치지는 못했지만 공자보다는 실증
성을 강조하면서 답사를 많이 했던 사람이라 하겠다. 이어서 그는 나
라에서 유가를 정치사상으로 채택하도록 힘썼다.

7.3 차이점들

공자의 대표적인 역사책인 《춘추》는 시간적으로 노나라 은공(隱
公)에서 애공(哀公)까지 12대 242년(B.C. 722~481) 동안에 발생했던
주요 사건들이 편년체(編年體)의 형식으로 서술된 중국 최고의 역사
서이다. 반면에, 사마천의 《사기》는 기전체(紀傳體)의 형식으로 서술
되어 있는데, 그 책은 그 후 중국에서 정사(正史)의 출발점이 되었
다.>3 그는 《사기》를 통하여, 3천여 년에 걸친 고대 중국의 역사를 통

>3 중국에서 흔히 사용되던 역사서술 형식들로는 다음과 같은 것들이 있다.

편년체(編年體): 연월(年月)에 따라 기술하는 역사편찬의 한 체재(體裁)로, 공자가 지은《춘추》(春
秋)가 이런 체재의 원초 형태라고 한다. 그 후 북송(北宋)의 사마광(司馬光)에 이르러 통사(通史)로
서의《자치통감》(資治通鑑)도 편찬되었다. 이를 계승하여 이도(李燾)의《속자치통감장편》(續資治通
鑑長編) 등과 같은 우수한 편년체로 된 사서(史書) 편찬이 있었다. 그 후 연월(年月)에 따르기 때문
에 생기게 되는 기사(紀事)의 분단을 보충하기 위한 방식으로 기사본말체(紀事本末體)형식의 사서
도 편찬하게 되었다(《동아 원색세계대백과사전》28, 1988. 523~524면).

기사본말체(紀事本末體): 중국의 역사서술방식의 하나로, 일정한 사건이나 사항을 중심으로 그 경
과를 일관해서 적는다. 사마광에 의해 편년체로 쓰여진《자치통감》(資治通鑑)이 대작이긴 하나, 사
건들이 연월(年月)로 분단되어 일련의 과정을 체계적으로 파악하기 힘들었으므로, 송(宋)나라의 원
추(袁樞)가《통감기사본말》(通鑑紀事本末)을 지어 새로이 이 서술 방식에 의해 정리한 것이 그 시발

사(通史)로 정리하였다.

공자는《춘추》를 통해 시간의 지속과 변화 속에서 인(仁)을 본질로 하는 예(禮)의 흐름을 드러내려 했고, 대의명분(大義名分)에 근거하여 옳고, 그르고, 착하고, 악함[是非善惡]을 밝히려 했다. 남상호(2000a)는「공자와 춘추」라는 그의 논문에서 이런 공자의 모습을 아래와 같이 요약하였다(189면).

《춘추》의 편찬자로서의 공자는 역사의 시간 속에서 지속과 변화의 조화를 추구하는 역사철학을 건립한 것이다. 공자는 대의명분이라는 기준 위에서 도덕적 포폄(褒貶)의 방법으로 노나라 역사기록을 정리하여《춘추》를 편찬함으로써, 과거중심의 심판의 기능을 현재와 관련하여 교훈의 기능으로 전환하고, 현재 중심의 교훈의 기능을 미래와 관련하여 예측의 기능으로 전환함으로써 지속과 변화를 조화시키려 한 것이다.

이처럼《춘추》는 세상이 어지러울 때는 심판의 기능을 하고, 태평성대에는 교훈과 예측의 기능을 하지만, 이 가운데서도《춘추》의 주된 기능은 주로 심판에 있었다. 그래서 그 후 난신적자(亂臣賊子)들이 공자의《춘추》를 두려워했던 것은 바로 이런 심판의 기능 때문이

이 되었다. 이 방식에 따르면, 사건의 원인·경과·결과 등의 대요(大要)가 알기 쉬워지기 때문에, 그 후로는《송사기사본말》(宋史紀事本末)을 비롯하여 기사본말체에 의한 여러 책들이 편집되었다. 오늘날의 역사책에서 채택되어 있는 서술방식도 기사본말체라 할 수 있다(《동아 원색세계대백과사전》6, 1988. 151면).

기전체(紀傳體): 중국에서 비롯된 역사편찬 방법의 하나로, 인물을 중심으로 역사의 사건을 기술하는 데, 본기(本紀; 임금의 전기), 세가(世家; 제후의 전기), 열전(列傳; 신하의 전기 및 외국의 역사), 서(書; 제도·경제·사회·문화·천문 등의 기록), 표(각종 연대표) 등으로 나뉜다. 사마천(司馬遷)이 지은《사기》(史記)에서 시작되었으며, 그 후 정통적인 역사서술의 방법으로 채택되어 왔다. 우리나라의 경우, 김부식의《삼국사기》, 정인지의《고려사》등도 기전체로 되어 있다(244면).

었다. 심판의 기능은 도덕적인 평가를 기록해 두거나, 사실을 기록해
두었다가 훗날 포폄의 형태로 평가하는 것이다(206면). 한편, 교훈의
기능은 역사 속에서 귀감이 되는 도덕적인 교훈이나, 문화나, 자연변
화에 대한 이해를 찾아내어 예상되는 문제점을 미연에 방지하는 것
이고, 예측의 기능은 과거와 현재의 자료로 변화추이를 살펴보면 역
사의 법칙성을 발견할 수 있고, 그런 법칙성에 입각하여 미래를 예측
할 수 있음을 뜻한다(210면).>4

　공자는 명확한 것만을 기록하고 의심이 가는 것은 기록하지 않았
다. 요컨대, 그는 정확한 기술(記述)을 중시했다. 그가 서술한 242년
동안의 노나라 중심 역사는 철저한 사료중심의 역사였다. 객관성을
유지하기 위해서였다. 이어서 그는 대의명분에 입각하여 노나라에서
일어났던 사료(史料)들을 춘추필법(春秋筆法: 대의명분을 밝혀 세우
는 사필의 논법) 곧, 필삭(筆削)의 방법으로 기록했다(196면). 그는
역사에서의 사건들을 사료로서 중히 여기면서 정확하게 기술하는 데
치중했지, 인위적으로 작문하지 않았다〔述而不作〕. 그는 노나라 242
년간의 사료들 가운데 명확한 것만을 기록하고 의심이 가는 것은 기
록하지 않으면서 사료들을 정제(整除)해 나갔다. 그가 쓴 역사는 한
정적인 시대사이다. 이처럼 사실 그대로를 정확하게 직서(直書)하며,

>4　공자는 "자장이 '10대 뒤 왕조의 일을 미리 알 수 있습니까' 라고 물었을 때, '은 나라는 하나라
의 예(禮)를 인습(因襲)했으니, 그 가감(加減)한 것을 알 수 있으며, 주나라는 은나라의 예를 인습했
으니, 그 가감을 알 수 있다. 혹시 주나라를 이을 자가 있다면 비록 100대의 일이라도 알 수 있을 것
이다.' 라고 말했다"(《論語》「爲政」23). 이것은 바로 역사의 일관성이나 연속성을 나타낸 표현이라 여
겨진다.
한편, 공자의 저술 가운데 예측의 기능을 가장 잘 드러내는 책은 《주역》인데, 이 책이 자연과 인간 세
계의 변화를 체계화할 수 있고, 미래를 예측할 수 있었던 것도 바로 《춘추》와 같은 역사 기록이 있었
기 때문이다(남상호, 2000a, 210면).

그것에 근거하여 가치판단을 나타내려는 그의 태도는 그 후 중국인들의 역사서술 방법에 하나의 큰 흐름이 되었다. 직서의 원칙과 포폄(褒貶: 시비선악을 평정하려함)의 원칙에 근거한 그의 춘추필법은 이런 점에서 돋보인다.

한편, 동중서는 우주만물의 원기를 음양오행으로 파악하고(남상호, 2000c, 199면), "의지는 기(氣)의 운행에 따른다〔志隨氣〕."고 하여, 사마천에 비해서는 인간의 능동적인 정신활동에 소극적이었다. 동중서에 의하면, "하늘은 모든 신(神)의 임금이기에〔天者百神之君也〕"(《春秋繁露》「郊義」), 인간이 불행한 재앙을 당하는 것은 하늘이 인간의 잘못이나 허물을 꾸짖는 뜻이라는 것이다. 재앙을 통해 인간의 잘못이나 허물을 꾸짖어도 인간이 그 뜻을 모르면 하늘은 위엄을 보여 인간을 두렵게 한다고 했다(「必仁且智」). 이처럼 그는 천재지변(天災地變)은 하늘의 뜻에 의해 일어난다는 재이설(災異說)을 주장하였다. 이런 여러 가지 점을 고려할 때, 그가 종종 주장하던 "사람은 하늘 또는 천지와 서로 느끼고 감응한다〔天人感應〕."는 말은, 은연중에 정신〔마음〕에 비해 자연이나 신체〔몸〕에 더 그 무게를 부여한 점이 엿보인다.

반면에 사마천은 상고시대부터 그가 살던 시대까지 3천여 년 간의 각종 기록과 유물·유적들을 확인하고 중국 최초의 통사(通史)를 쓴 사람이다. 노나라 중심의 역사를 썼던 공자와는 그 서술 규모가 다르다. 아울러 그는 누구보다도 사료와 실증성을 중요시하면서도 단순히 술이부작하는 기술위주의 자세를 넘어서, 자기 자신의 안목에서 역사를 서술했다. 이 점에서 그는 공자나 동중서와 다르다. 올바른 역사의 모습, 마땅히 있어야 할 측면을 강조하면서 비판적인 측면에서 역사를 썼다. 천리(天理)와 사리(史理)를 합일시켜, 사도(史道)를

구하려 했다. 여기서 그가 추구했던 사도는 승폐통변(承蔽通變: 역사
전개과정에서 나타나는 피로와 권태와 같은 폐단을 찾아내어 치유하
면서, 시대의 변화에 통할 수 있도록 함)의 방법이었다(남상호, 2000
b, 10~11면; 18~22면). 그런 폐단의 본질은 중용(中庸)의 도를 잃어
어느 한 쪽에 치우치기 때문에 발생하는 것으로 그는 파악했다. 그는
이런 역사적 통찰력을 역사철학의 방법으로 삼았던 사람이다.

그는 당시에까지 유행하던 오덕종시설(五德終始說: 오행의 상극
관계로 새로운 왕조의 성립을 설명하는 것)과 같은 숙명론을 비판하
면서, 그는 역사의 본질은 승폐통변의 방법을 통한 인의도덕(仁義道
德)의 구현이라고 주장했다(11면).

사마천의 역사서술 방법에서 특징을 이루는 것은,《사기》의 각 편
에서 찾아볼 수 있듯이, 각 편의 기술내용에 관한 논평이다. 이것이
바로 논찬이라는 것인데, 이 형식은《사기》이후에 큰 영향을 주어 정
사(正史)등의 역사서가 거의 이 형식을 본떴다(민두기, 1993, 263면).
사마천은 논찬이라는 사사로운 자기주장의 장(場)을 설정하여, 객관
적인 역사사실을 기록한다는 방식을 통하여, 자기의 생각과 자기의
모습을 그리려 하였다. 예컨대,「오자서열전」(伍子胥列傳)의 논찬에
서 사마천은 "만약 오자서가 아버지와 더불어 피살되어 버렸다면 한
갓 미물과 무엇이 달랐으랴. 작은 의리를 드러낸 것에 불과하다. 그
러나 오자서는 작은 의(義)를 버리고 곧 치욕을 씻어 후세에 이름을
남겼다"고 서술했다. 작은 의를 버리고 곧 치욕을 씻어 후세에 이름
을 남겼다는 이 말이야말로 궁형을 당하는 치욕을 감수하면서까지
살아남아《사기》를 완성으로써 후세에 이름을 남기려 한 사마천의
집념을 표현한 말이었다. 사마천 자신이 화를 입은 것도 무제에게 이
릉이라는 장군의 행위를 변명한 때문이었듯이, 오자서의 아버지 경

우도 군주에의 진언이 도리어 화를 자초하는 경우로 그 처지가 서로
엇비슷했기 때문이었다(267~269면).

7.4 특이성, 난점 및 시사점

공자, 동중서, 그리고 사마천은 사료와 실증적인 면을 강조한 역사
관을 지녔던 사람들이다. 이런 점에서 서양의 중세나 근세의 역사철
학자들에게서 흔히 나타났던 사변적인 형이상학적인 역사철학과는
다르다. 고대 그리스·로마시대의 역사관이나 현대의 실증사관과 유
사한 면이 있다.

공자나 사마천은 목적의식이 뚜렷했던 학자들이다. 이들은 인의를
실현하려는 공통된 꿈을 지니고 있었다. 이들은 과거의 사료들을 거
울삼아 현재나 미래에 우리가 나아갈 바를 제시하려 했던 사람들이
다. 이들은 내세나 신을 동원하면서 그들의 견해를 합리화하려 하지
않았다. 신중심주의가 아니라 인간중심주의에 기초해서 그들의 견해
를 펼쳐 나가는 데 힘썼다. 인간의 능동적인 노력에 의해 보다 나은
세상을 만들어 보려 했던 사람들이다.

그들은 인간이 걸어가야 할 길을 '자연의 이법'에서 배우려 했던
사람들이다. 아울러, 자연의 운행과 인간의 삶의 자세를 연속선상에
서 파악하려 했던 사람들이다. 가능한 사실 그대로를 정확하게 직서
(直書)하여, 그것에 근거하여 가치판단을 도출하려 했다. 사실의 세
계와 가치의 세계를 일연속선 상에서 파악하려 했다는 점에서 철학
사에서 찾아볼 수 있는 자연주의자들의 견해나, 현대의 프래그머티
즘과 상통할 수 있는 그런 주장을 펼쳤다.

아울러 그들은 역사란 순환하는 것으로 파악했다. 공자가 "100대

뒤의 일이라도 알 수 있다"고 한 말이나, 사마천이 충(忠)·경(敬)·문(文)의 방법이 순환한다고 보면서 승폐통변의 방법을 내세운 것도 일종의 순환사관과 관련되어 있다. 이는 동양이나 서양이나 어디서나, 특히 옛날로 거슬러 올라갈수록 흔히 나타나는 견해이기도 하다. 물론, 이런 경향은 예로부터 꾸준히 이어져 내려오고 있다. 예컨대, 고대 그리스 시대 폴리비오스(Polybius)의 견해나, 근세의 비코(Giovanni Battista Vico)의 견해나, 현대에 와서는 토인비(A. J. Toynbee)의 견해도 그렇다.

그런데 좀 더 탐구되어 정리되어야 할 일은 공자나 동중서나 사마천의 견해에서, 나아가서는 고대 중국 유가사상에서 종종 중요시되는 소위 '자연의 이법'이나 법칙에 관한 논의다. 이들이 말하는 법칙과 현대 철학이나 과학자 사회에서 흔히 이야기하는 자연법칙이나 일반법칙의 관계이다. 어떤 유사점과 차이점이 있는가 하는 점이다. 이어서 자연의 이법이나 법칙에서 삶의 자세를 찾고자 했던 점도 더욱 구체화시키고 체계화시킬 필요가 있다. 무엇을 어떻게 해야 하는지 말이다. 사실과 당위의 관계, 과학과 가치의 관계에 관한 그들의 견해를 더 발전시켜 체계화시킨다면 이런 문제에 관한 현대철학의 논전에서 그 나름의 새로운 의의를 더할 수도 있겠다.

나아가서 역사법칙의 존재를 암시하는 듯한 그들의 표현에서 드러나는 아쉬움도 있다. 역사법칙이 존재한다면, 미래를 매우 정확하게 예측할 수 있다. 그러나 그런 역사법칙이 과연 존재하는가하는 점이다. 역사는 과학 이상도 이하도 아니라는 베리(J. B. Bury)의 견해와 같은 것인가, 헴펠(C. G. Hempel)이 주장하는 준법칙문(law like sentence) 수준의 법칙인가, 아니면 지나친 은유법(隱喩法)인가 하는 점이다. 물론, 법칙이 있다면 정확하게 설명이나 예측을 할 수 있다. 예측(prediction)은 점(prophecy)이나 예언(divination, fortune telling)과는 다르다. 예측은 법칙에 의해 미래를 말하지만 점이나 예언은 그렇지 못하다.

제8장 비코의 경험중심 역사관과
헤르더의 이신론

8.1 경험의 중요성과 역사의 흐름 형태

비코(Giovanni Battista Vico, 1668~1744)는 이탈리아의 철학자, 법학자로 역사철학과 민족심리학을 개척했으며, 대표적인 저서로 《신과학의 원리》가 있다. 그는 투고(A. R. J. Turgot), 콩도르세(M. J. A. N. Condorcet)와 더불어 진보의 관념을 형성한 역사철학자이다. 아울러 역사과학(history science)을 구축하려 힘쓴 사람이다. "그에 의하면 신에 의해 창조된 자연은 신자신이 가장 잘 인식하지만, 인간에 의해 창조된 역사는 인류가 가장 잘 인식한다. 이처럼 인간은 자기가 창조한 것을 가장 잘 인식한다는 것이 그의 철학의 근본전제이다"(전원배, 1983, 20면). 그에 의하면, 역사는 단순히 이야기(story)만으로 그치지는 않는다. 역사가는 각각의 사실에서 일정한 경향(pattern)과 순환(rhythm)을 추출할 수 있으며, 역사는 발전한다고 그는 보았다. 그는 이처럼 역사에서 주기적인 운동을 파악하려 하였다. 이런 방법은 서구 역사철학의 한 원리를 제공했다. 그는 초월적인 이념과 같은 사변적인 역사철학도 개별적인 사실을 중시하는 사료중심의 역사철학도 모두 반대했다.

그는 베이컨(Francis Bacon, 1561~1626)과 같은 영국 경험론자들

(British empiricists)이 중요시하는 학문방법을 역사연구에 적용시켜서, 개별적인 사실들에서 어떤 공통된 경향이나 순환을 발견하고, 그런 형이나 리듬으로 현실을 설명하고 미래를 예측하려 했다. 이런 측면에서 비코의 역사철학은 경험적인 역사철학이다. 그에 의하면 이런 방법을 취하여 얻는 것이 과학적인 역사(scientific history)라는 것이다. 그는 문화현상이나 사회현상도 이런 방법을 통해 관찰하고, 그속에 일정한 정신의 흐름이 있음을 알게 되었다. 곧, 감각에서 오성(悟性)으로, 특수에서 보편으로, 폭력에서 공정(公正)으로, 야만에서 문명으로의 흐름이 있고, 반면에 그 역류도 있다. 그는 전자와 후자를 각각 순류(順流. corso)와 역류(逆流. ricorso)라고 했다. 순류는 '인간이 원시적인 동물상태에서 이 상태를 극복하기 시작하여 공정하고 평등한 인간 상태로 옮아가는 과정'을 뜻한다(20면). 순류와 역류는 규칙적으로 일어난다. 역사에는 일정한 주기적인 운동이 있다. 역사는 '야만적인 가부장제도→귀족제→민중제→군주제'와 같은 경로를 통해 발전하며, 그 극에 도달하면 다시 야만으로 역류한다. 전체적으로 보면 역사는 순류에서 역류로, 역류에서 순류로 순환하지만, 순환은 평면상에서 이루어지는 반복되는 순환이 아니라, 상승하며 진보하는 과정으로서의, 보다 높은 고차적인 단계를 지향하면서 이루어지는 그런 순환이다. 다시 말해 나선형 형태의 순환이다.

그는 개인의식보다는 공동의식을 중시하면서, 인간성은 누구나 비슷하므로, 어떤 시대나 장소에서나 인류에게 공통된 일정한 단계가 있다고 보았다. 그래서 그는 여러 국민의 문화발전이나 정치현상을 관찰하여 아래와 같은 단계를 제시하기도 했다(이상현, 1991, 239면).

(1) 제(諸)신의 시대: 이 시대의 이교도들은 신적인 정부에 살면서,

그들이 신탁에 의해 지배되고 있다고 믿는다.

(2) 영웅의 시대: 이 시대의 영웅들은 그들 스스로 어떤 탁월한 본성 (a certain superiority of nature)을 지니고 있다고 주장한다.

(3) 인간의 시대: 이 시대의 모든 인간들은 본성에 있어 모두 평등하다는 것을 인지하게 된다. 이 시대에는 먼저 대중 국가(popular commonwealth)가, 나중에는 군주 국가가 성립된다.

제(諸)신의 시대는 신정치시대로 가부장시대와 일치하며, 영웅의 시대는 초인시대라 할 수 있는 것으로 군왕시대(왕제시대)와 같이하며, 인간의 시대는 인간적인 역사시대로 민주제시대를 가리킨다.

이 3단계설이 주목을 끈 것은 이것이 토인비(A. J. Toynbee, 1889~1975)의 역사전개방식(문명의 발생, 성장, 좌절 그리고 해체 및 소멸)이나, 마르크스(Karl Marx, 1818~1883)의 역사발전 5단계설 (원시공산사회, 노예사회, 봉건사회, 자본주의사회, 사회주의사회)이 탄생할 수 있는 하나의 선구적인 역할을 했다는 점이다.

그는 역사를 탄생, 성장, 노쇠, 사멸이라는 경향으로 파악함으로써 문화유기체설을 인정하기도 했다. 그의 이런 견해는, 역사는 계속 발전하기만 하고 퇴보하는 일은 없다는 이성주의자들의 통념(通念)에 대한 비판이나 수정이라 할 수 있다. 개인이 처음에는 궁핍을 느끼다가, 그것을 벗어나기 위해 노력하고, 그것이 해결되면, 쾌락추구와 사치에 빠지고, 나중에는 광기에 떨어져 재산을 잃듯이, 제(諸)민족의 특성도 처음에는 조야(粗野)하나 힘찬 발전의 길을 걷고, 훌륭한 업적을 달성한 후에는 방종에 흘러 멸망의 길을 걷게 된다는 점이다. 그리고 그 멸망의 폐허에서 다시 새 생명이 출현해서 적극적인 활동이 전개된다. 이런 점들은 개인이나 민족이나 공통되며, 신학문은 역사에서 바로 이런 것을 증명해 나간다는 것이다. 현대에 이르러서는 크로체(B. Croce)에 의해 비코의 이런 주장들이 부분적으로 재흥되기도 했다.

8.2 신과학(New Science)의 구축과 방법론

그의 역사철학은 데카르트(Rene Descartes, 1596~1650)에 대한 비판으로 시작되었다. 데카르트는 '신이 이 세계를 창조하였다면 이 세계를 만든 청사진이 있을 것이다'라고 했다. 그 청사진은 기하학적인 도형과 같으며, 현실의 자연세계는 그것이 현실화된 것이라 했다. 반면에 비코는 역사의 경우는 인간이 만든 것이라 했다. 인간의 역사는 자연과는 달리 인간이 만들어가며, 인간만이 알 수 있다는 것이다. 그는 데카르트가 중시하는 분석적인 사고와는 달리 철학과 역사를 통일적으로 이해하려 했으며, 나아가서는 지식의 종합을 주장했다.

그의 저서인 《신과학》은 역사책이면서 철학적인 책이다. 그는 그의 저서에서 역사는 인간이 만든다는 것과, 인간의 역사는 각 국가의 역사 속에 잘 드러나 있음을 다음과 같이 서술하였다.

그래서 우리의 과학은 발생, 진보, 성숙, 쇠퇴, 멸망을 겪은 각 국가의 역사 속에 가로질러 나간 영원한 역사의 이성을 묘사 서술하기에 이른 것이다. …… 확고부동한 원칙은 이 세상의 국가는 인간들에 의해 만들어졌다는 점이다. …… 사물을 만든 사람이 그 사물에 대해 가장 정확하게 묘사할 수 있는 것처럼, 아무도 국가를 만들어 낸 인간만큼 그 역사를 정확히 서술할 수는 없는 것이다(Löwith, 1990, 171면).

그는 철학적인 방법(philosophical method)을 인간정신 일반에 근거한 추론에 근거해서, 문헌학적인 방법(philological method)을 정신과학, 인문과학 방법론과 관련시켜 각각 언급하는 한편, 물리현상을 대상으로 하는 자연과학이라는 것은 현실의 절반에 불과하다고 보았다. 결혼, 장례, 법률 등 모든 제도는 그것이 아무리 원시적이라 하더라도 어떤 형태의 종교에 기초한다. 그는 인간이 이룩한 언어, 문학, 습관, 법률 등 문헌학적인 확실성을 철학적인 가설에 따라서 설명하려 했다. 그는 데카르트에 의해 경멸된 인간의 역사―데카르트는 자연계만 중시하고, 인간의 역사는 우연적이며 가치가 별로 없다고 봄―를 철학적인 학문의 지위로까지 올려놓았다. 그의 신학문은 자연의 세계를 연구대상으로 한 것이 아니라, 여러 민족으로 이루어진 인간의 세계를 다루고 있다.

이어서 그는 진보, 변증법 및 섭리사관에 근거한 역사철학을 전개했으며, 이 가운데서도 각자의 개별적인 의도와 보편적인 목적의 변증법적인 통일을 시도했다는 점에서 독특하다. 예컨대, 각자는 본능적·이기적인 욕구를 지니며 살면서도 혼인상의 정절을 지키고, 가족을 형성한다. 아버지는 가족에 대해 부권(父權)을 행사하려고 하면서도, 그 부권을 국가권력에 종속시킴으로써 국가라는 공동체가 성립된다.

이처럼 각 개인은 이기적인 욕구에 따라 살면서도 무의식적으로 역사의 실현에 참여하고 있으며, 이기적인 욕구를 역사실현을 위한 수단으로 활동하고 있다. 인간들의 이기적인 의지와는 다른 무엇인가가 그들의 의지 속에 작용하고 있다. 결국, 비코는 개별자의 본능적·이기적인 욕구와 신과 같은 궁극적인 보편자·목적자의 의도를 변증법적으로 설명하면서, 역사의 변증법적인 발전을 논하려 했다. 이런 비코의 견해를 뢰빗트(Karl Löwith, 1990)는 다음과 같이 정리하였다.

특수한 목적과 일반적인 목적 간에 일어나는 변증법적인 결과, 인간의 행동과 그들의 결과 사이에 일어나는 변증법적인 관계는 크로체가 말한 것처럼 인간이 범한 잘못된 희극이 아니라 신이 행하는 진실된 희극이다. 이는 헤겔의 역사철학, 곧 '이성의 간계'(奸計)와 같은 섭리의 역사에 비교될 수 있다. …… 이런 변증법은 계속해서 신화시대, 신정시대, 영웅시대, 인간본위시대 속에 작용한다(179면).

8.3 이신론적인 섭리사관

헤르더(Johann Gottfried von Herder, 1744~1803)는 독일의 철학자·문학자로 범신론 (汎神論. pantheism)적인 세계관을 펼쳤다. 그는 인간을 자연의 정점(頂點)으로 간주하면서, 인간의 역사를 인도(人道)이념의 실현과정이라 했다. 아울러 자연·개성·감정 등이 지니는 독창적인 가치를 괴테(Goethe)에게 깨우쳐 주어 소위 문학사에서 스트룸 운트 드랑(Strum und Drang. 질풍노도)의 원동력이 되었다. 그는 비코의 사상을 이 세상에 드러내 보이는 데 힘썼으며, 한편으로는 칸트의 제자가 되어 그로부터 영향을 많이 받기도 했다.

헤르더의 역사관은 우선 자연의 역사에서 비롯되는데, 그에 의하면 자연계의 일반적인 특성은 그 자체 내에서 더 높은 특수화나 유기체로 발달해 가려는 데서 찾아볼 수 있다. 식물적인 생명의 특수화는 동물적인 생명을 낳고, 동물적인 생명의 특수화는 인간적인 생명의 특수화를 낳았다는 것이다. 그는 역사발전과정을 시(詩)적인 단계, 산문(散文)적인 단계, 철학적인 단계로 크게 3등분하면서, 역사발전은 인류의 경험이 증대하는 과정이며, 미숙한 상태에 있던 인류가 성숙해 나가는 과정이라 했다(이상현, 251~253면).

볼테르와 몽테스키외의 역사의식은 전지표적(全地表的)이긴 하나 진보의 관념이 결여되어 있고, 튀르고(Anne Robert Jacqes Turgot, 1727~1781)와 콩도르세(Marquis de Condorcet, 1743~1794)의 역사의식은 진보의 관념은 있으나 유럽중심의 역사관으로 전지표적인 것이 못된다하여, 헤르더는 이들 모두를 비판했다. 그는 위의 두 역사의식을 종합하고, 전 인류의 역사를 계속적인 진보의 관념으로 나타내려 했다. 그는 이런 의도로 저술에 임했으며, 그의 저서 가운데《인류역사철학고》(Ideen zur Philosophie der Geschichte der Menschheit)는 그의 대표적인 저서이다. 이 책은 원래 25권으로 기획되었으나 19권만 쓰여진 미완성 책이다.

헤르더의 역사철학은 그 주류가 사변적이다. 그는 문학적인 직관력에 근거해 그의 역사관을 정립해 나갔다. 그는 기독교를 근대과학의 합리성과 조화시키려 했다. 그는 신의 존재증명에 있어서는 목적론적·자연 신학적인 증명을 취했다. 곧, 우주의 질서와 합목적성에 착안하여 전지전능한 우주창조자로서 신을 추론했다. 소위 진보의 과정은 신의 섭리에 의한 것이지만, 신의 섭리는 역사과정에 있어서 항상 있는 것이 아니라, 창조 때만 있다. 창조 시 인류는 역사과정을 통해 인간 스스로 오성과 정의를 배워나가도록 운명지어져 있다. 인간의 역사는 신이 인간을 교화하기 위해 꾸몄다. 역사라는 무대에서 인류는 주연이고 신은 연출가이다. 그래서 갈등이나 악의 존재를 통해서도 신성(神性)이 더욱 돋보이게 된다.

이런 이신론(理神論. deism)적인 섭리사관(攝理史觀)은 연출가인 신을 함축하므로 목적사관으로 귀결된다. 인류역사의 목적은 인류의 본질이나 인간성의 완전한 발현에 있다. 인류역사의 목적은 오성과 정의가 지배하는 공동체를 실현하는데 있다. 그래서 인류의 역사는 목적을 지닌 일련의 진행과정이다.

8.4 민족사관과 인류정신

헤르더가 살던 당시의 독일은 다른 나라에 비해 후진성을 지녔었다. 300여개의 제후국이 난립되어 있는 그런 곳이었다. 그런 상황 속에서 그는 독일 국민의 자존심과 긍지를 세우면서 민족주의와 통일된 민족 국가 수립을 염원했다. 그는 그의 저서인 《인류역사철학고》에서 역사의 직선적인 발전을 거부하면서, 각 민족은 그 자신의 내적인 발달 원칙에 따라 발전하면서, 문학·예술·종교·사회제도 안에 구현되는 독특한 정신을 만들어 내는 것으로 보았다(임희완, 2003, 34면). 민족, 민족의식이 역사에서는 중요시된다. 민족은 언어, 역사, 문화에 있어 공동체이다. 특히 그는 언어를 중심으로 한 민족성을 중요시했다.

헤르더는 민족성의 계기로서 장소, 시대 그리고 내적 성격을 제시한다. 여기서 장소는 풍토이며, 시대는 역사이며, 내적 성격은 인간성을 나타낸다. 특수한 역사 환경에 의해 민족의 특수성이 형성되며, 여기에서 민족문화가 싹튼다. 그러나 모든 민족은 동일한 인간성을 하나의 밑바닥으로 지닌다. 문화의 목적은 창조자에 속하지만, 문화 발전의 성패여부는 해당민족이 그런 목적을 어느 정도 인식하느냐에 따라 달라진다.

특수성을 통해 보편성에 이를 수 있다. 개체 안에 있는 것을 통해 전체를 보자는 논지다. 민족문화를 통해 세계문화를 논의할 수 있다.

여러 민족의 역사를 통해서만 인류정신의 역사를 논의할 수 있다. 인류라는 인간성 일반에 관한 관념은 구체적인 민족, 민족의식과 결부되어 있다. 민족성의 근거에 인류라는 보편성이 있다. 이처럼 헤르더는 민족이 지닌 특성을 발견하고 그것을 통해 인류정신을 알 수 있으며, 개체가 지닌 특수성을 통해 보편적인 인간성이 실현될 수 있다고 주장하면서 그 나름대로 계몽주의에 동조하였다.

제9장 칸트의 계몽사관

9.1 비사교적인 사교성

프랑스의 계몽사조는 프랑스보다도 오히려 시민사회의 이행이 뒤늦은 독일에 더 큰 영향을 주었다. 그래서 하이네(Heinrich Heine)는 칸트(Immanuel Kant, 1724~1804)의 비판철학을 프랑스의 정치혁명에 비유해 철학혁명이라 했다. 아무튼 칸트가 살던 그 당시는 계몽기의 절정기이기도 했다.

역사철학에 관한 칸트의 첫 번째 견해는 1784년에 발표된 「세계시민의 견지에서 본 보편사의 이념」(Idee zu einer allgemeinen Geschichte in weltbürgelicher Absicht)이라는 논문에 잘 나타나 있다. 그는 역사를 인류의 보편적인 과정으로 이해하면서, 보편사의 원리들을 제시했다. 그에 의하면, 인간이 지닌 이성은 모든 사람의 이성을 동

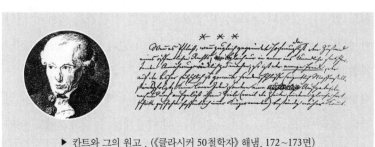

▶ 칸트와 그의 원고, (《클라시커 50철학자》해냄, 172~173면)

원한 역사 전개 과정을 통해서만 그 실현이 가능하다.

인간은 다른 동물에게 볼 수 있는 정도의, 자신을 보호할 수 있는 신체구조가 되어있지 않다. 이것은 인간이 스스로 자신을 보호할 수 있는 길을 마련해야 함을 알려준다. 온갖 고난과 싸워서 자기를 스스로 높여가라는 것으로도 해석된다. 인간의 자력에 의한 문제해결과 그에 따른 진보가 자연의 요청이다. 인간에게서 찾아볼 수 있는 결여태(缺如態)를 이성에 의해 보충하도록 인간은 장치되어 있다고 칸트는 보았다. 자연적인 소질의 전개는 이성을 통해서이다.

이어서 칸트에 의하면, 자연적인 소질의 발단은, 그 발단의 원동력이 적대관계(Antagonismus)에 의해서이다. 인간사회에서 일어나는 여러 가지 상호 적대관계를 통해 인간들의 능력이 발휘된다. 그는 이기적인 개인들 사이의 갈등과 적대관계를 특히 비사교적 사교성(非社交的社交性, ungesellige Geselligheit)이라는 용어를 사용하면서 인간이 지닌 하나의 본성으로 간주했다. 이런 주장은 그의 논문 가운데서도 제4명제에 잘 드러나 있다. 그에 의하면, 인간의 마음에는 사회를 형성하면서 다른 사람들과 제휴하여 사회화하고 싶은 사교성이 있을 뿐만 아니라, 또한 사회에서 여러 관계를 끊고 고립하려는, 경우에 따라서는 다른 사람들과 반목하거나 사회를 분열시킬 우려가 있는 저항, 이기적인 자기의지대로만 살려는 반사회적인 강력한 경향도 있다는 점이다. 사교성이 있으면 원만한 인간관계 속에서 편안한 삶은 누릴 수 있지만, 반사회적인 경향이 없다면, 각 개인이 지닌 자연적인 소질은 계발되지 못한다. 요컨대, 우리 인간에게는 이런 두 경향이 함께 필요하며, 이런 두 가지 경향이 함께 존재하는 것이 인간의 모습이기도 하다. 이들 간에는 대립관계를 유지하면서도 어떤 계약관계가 성립한다.

그 당시 독일의 사회 상황을 보면, 독일사회가 지향해야 할 것은 법치사회가 실현될 수 있는 이상적인 사회목표의 추구이다. 아울러 비사교적인 사교성을 강화시키는 사회이다. 비사교적인 사교성이 성립되기 위해서는 '사회 구성원의 차이를 최대한 보장하는 사회'이어야함과 더불어, '자유의 한계를 엄밀히 규정하는 사회'이어야 한다. 칸트는 이런 두 조건을 만족시키는 사회를 공민적 조직(Ein bürger-liche Verfassung)이라 했다.

비사교적 사교성이라는 적대관계(Antagonismus)가 역사발전의 원동력이라는 그의 견해는 헤겔의 변증법이나 마르크스의 모순론 형성에 있어 하나의 선구적인 이론이 되었다. 이런 대립관계에서 발전의 원동력을 추구한 것은 마치 아우구스티누스가 하늘나라〔천국〕인 신국과 땅의 나라〔지상국〕가 어떻게 서로 대립 투쟁하다가 결국은 천국이 승리하게 되는지를 밝힌 것과도 그 틀에 있어 유사하다.

9.2 자연법, 국가헌법 그리고 자연의 계획

칸트는 인간의 행위를 자연법칙에 의해 이루어지는 자연현상과 유사한 것으로 보았다. 자연계에서 나타나는 개별적인 현상들의 경우, 겉보기에는 무질서한 것처럼 보이지만 자연법칙이라는 측면에서 보면 어떤 질서를 발견할 수 있듯이, 인간세계에서 나타나는 각 개인들의 행위도 무질서한 것 같지만 유(類. Gattung)집단의 측면에서 본다면, 어떤 큰 흐름을 찾아낼 수 있다는 견해다. 그는 신 대신에 자연을 내세우면서 역사를 하나의 보편적인 과정으로 이해하면서 세계적인 보편사로 간주했다. 그는 그의 논문인 「세계시민의 견지에서 본 보편사의 이념」에서 9개의 명제를 제시하면서 그 해설을 통해 보편사에 관한 그의 견해를 펼쳤다. 특히 그는 제8명제에서, 인류의 역사는 이런 자연법적인 예정조화설이 스며있는 자연의 숨겨진 계획을 실현하는 과정이라고 명시적으로 나타냈다.

칸트는 제5명제에서 자연이 지향하는 사회발전의 최종적인 형태란, 법에 의해 보편적으로 정당하게 통치되는 시민사회라 하면서, 그런 사회를 이룩하는 것이 인류에게 주어진 과제라고 했다. 완전한 국가법이란 인간이 지닌 소질을 완전히 계발·발전시킬 수 있는 계획이 들어있는 그런 법이다. 아울러 사람들이 윤리적인 생활을 할 수 있게 하는 그런 법이다. 그는 국가법이 바로 공동심판의 근거가 된다고 보면서, 법에 의한 평화를 중요시했다.

이어서 칸트는 보편적인 법이 준수되는 시민사회―국가 내와 국가 간에서도 법적인 규제가 성립하는 상태―를 인류사회의 목표로 설정했다. 이처럼 개인 간에, 국가 간에 법적인 규제가 있는 것이 자연의 계획이며, 아우구스티누스적인 표현에 의한다면 신의 섭리에 해당한다. 인간에게 있어 자연적인 소질이 완전히 계발된다는 것은, 인간의 수명이 짧으므로 개체에 있어서가 아니라 유(類)적인 존재에서나 가능하다. 어떤 면에서는 인간은 유적인 존재, 곧 사회적인 존재이기도 하다. 그는 유적인 존재로서의 인간파악, 영원한 평화를 향한 윤리적인 법사상, 사해동포주의적인 보편사의 형성을 역사의 완성으로 보면서, 그의 논문에서 제시한 명제들을 풀어나갔다. 평화 가운데서도 국가 간의 영구적인 평화를 그는 최종적인 평화로 여겼다.

인간사회는 법에 의해 그 평화가 가능하다. 이런 그의 생각은 시민사회의 법적·계약적인 상태를 긍정적으로 본 데서 유래한다. 아울러 인간은 신의 피조물로서, 인간이 지닌 자연적인 소질(Naturanlage)도 마치 합목적적(合目的的)으로 사용되도록 정해 있으리라는 전제에서

그는 출발했다. 또한 인간이란 보편적인 목적에 기여하게 되어 있다
는 일종의 예정조화설을 그는 암암리에 그 전제로 삼았다.

9.3 이성과 진보

칸트에 의하면, 인간은 본능적인 충동에서 벗어나 도덕적인 완전
성을 추구하는 존재다. 역사는 인류가 그런 윤리적인 완성에로 나가
는 일련의 과정이며, 도덕률을 따르는 것이 진정한 자유이며, 이런
자유가 실현된 것이 진정한 문화이다. 역사가 인간의 자유의지에 의
해 이루어진다 하더라도 인간의 본질은 본래 이성적이므로, 현실이
아무리 무질서한 듯하여도, 전체적으로는 규칙적이며 끊임없는 진보
의 과정이다. 그는 이처럼 경험적인 역사사실을 그대로 인정하면서
이념적인 역사를 구성해 보려 했다. 요컨대, 이성과 당위(當爲)를 중
시하면서 사변적으로 역사를 구성하려 했다.

그는 당시 독일의 후진성을 시민사회, 이성의 왕국으로 다시 그려
보려는 대망을 지니고 있었다. 그는 또한 비사교성에 근거한 개인주
의 측면도 정당화하려 했다. 이런 여러 가지 측면을 고려한다면, 그
는 경제적·사회적으로는 자유주의(liberalism), 국가적으로는 민족주
의(nationalism), 철학적으로는 개인주의(individualism)를 옹호하였
다고 하겠다. 그러면서 그는 이상화된 세계, 세계 시민의식 고양에
관심이 깊었으며, 무한한 진보에 대해 낙관했다.

9.4 칸트 역사관의 약점

그의 역사관 속에는, 역사에 있어 개인의 이익과 행복의 추구는 저

절로 사회전체의 행복과 조화되리라는 가정이 들어있다. 그러나 이런 견해에는 근대역사철학 전반에 나타난 경향, 곧 인간의 완전성과 그 가능성에 관해 너무 낙관하는 견해가 스며 있다. 아울러 시민사회의 합리화에 몰두한 나머지, 그 비판적인 측면에 대해선 등한시한다는 문제점도 있다.

칸트는 개인 대 개인의 관계에서 법적인 규제가 필요한 것처럼 국가 간에도 이상적인 국제평화를 위해서는 법적인 규제가 필요하다고 했다. 그러나 국가 간의 경우, 비사교성을 전제로 한 각국 사이의 조화는 그리 쉽지 않다. 예컨대, 제1차 세계대전 후의 국제연맹(the League of Nations)이 그러했듯이, 제2차 세계대전 후의 국제연합(the United Nations)이 제 역할을 하지 못하고 있는 경우가 그것이다.

제10장 헤겔의 자유와 필연, 그리고 국가관

10.1 헤겔의 학문 활동과 역사철학의 배경

10.1.1 학문 활동

마르쿠제(Marcuse)는 그의 저서인 《이성과 혁명》(*Reason and revolution*)에서, 헤겔(Georg Wilhelm Friedrich Hegel, 1770~1831)은 다음과 같은 발전과정을 거치면서 그의 학문을 전개시켜 나갔다고 서술했다.

1790년에서 1800년까지는, 철학의 기초를 명백히 하려 했던 시기이며, 1800년에서 1801년까지는 칸트, 피히테(J. G. Fichte, 1762~1814), 쉘링(F. W. Schelling, 1775~1854)의 철학체계를 비판하면서 자기의 주장을 세워 나가던 시기이다.>5 이 시기의 주요 저서로는 《피히테와 쉘링 철학체계의 차이》(*Differenz des Fichteschen und Schellingschen Systems der Philosophie*, 1801)가 있다. 1801년에서 1806년까지는 소위

>5 피히테는 자연을 절대적인 자아(自我)로부터 생산된 것으로 파악한 반면에, 쉘링은 절대자 이외에는 아무 것도 없다고 보면서, 소위 정신과 자연도 서로 양적(量的)으로 다를 뿐이라 했다. 자연 속에도 정신적·관념적인 요소가 있으나, 자연적·실재적인 요소가 보다 우세하다는 것이다. 헤겔은 피히테의 소위 주관적인 관념론과 쉘링의 객관적인 관념론을 통일하려 시도했으나, 쉘링의 견해에 더 기울어져 있었다.

예나(Jena)시대의 철학이다. 헤겔은 1801
년에 예나대학의 사강사가 되었고, 쉘링
과 함께《철학비판잡지》를 발간했다. 1806
년에는 나폴레옹(Napoleon, 1769~1821)
의 침공으로 인한 전쟁의 와중에서도 그
의 독창적인 저서인《정신현상학》(*Phäo-
menologie des Geistes*)을 완성했다. 1807년은
4번째 단계에 해당하는 해로, 그는《정신

▶ 헤겔

현상학》을 출판했다. 1808년에서 1821년까지가 5번째 단계인데, 그는
1808년에서 1811까지는《철학입문》(*Philosophiesche Propädeutik*)을, 1812
년에는《논리학1》(*Wissenschaft der Logik*)을, 1816년에는《논리학2》와,
《철학백과전서》(*Encyklopädie der philosophischen Wissen-schaften im
Grundrisse*)를 각각 저술했으며, 이런 활발한 저술활동으로 1818년 이
후에는 독일사회를 지배하는 철학파를 형성하기에 이르렀다. 이어서
1821년에는《법철학강요》(*Grundlinien der Philo-sophie des Rechts*)를 저
술했다.

10.1.2 역사철학의 배경

– 범 신론(Pan-theismus)
　헤겔의 초기사상은 주로 그의 신학사상에서 나타난다. 그는 헬레
니즘과 기독교에 대해 동경을 품고, 범 신론적인 세계관(자연과 신의
대립을 인정하지 않고 일체의 자연은 곧 신이며, 신은 곧 일체의 자
연이라는 종교철학적인 학설로 만유신론(萬有神論)이다.)에 관심을
지녔다. 그의 철학 전체에 걸쳐 나타나 있는 절대자(絕對者. das

Absolute)란 범 신론적인 보편자라 할 수 있다. 그의 철학체계에서 절대자는 정신(Geist)이 되기도 하고 사랑(Liebe)이기도 하다. 절대자는 모든 것의 시원(始原)인 동시에, 모든 것을 포함하는 완성태이고, 모든 존재자는 이 절대자의 변증법(辨證法. Dialektik)적인 자기전개과정에서 나타나는 계기(繼起)일 뿐이다.

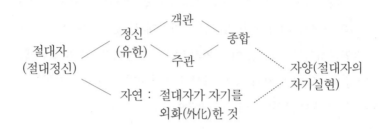

모든 개별적인 존재들은 무한한 절대자의 자기한정태(自己限定態)이며, 절대자는 모든 개체에 현현(顯現)한다. 절대자가 자기를 외화한 것이 자연이다.

종교, 철학, 예술 등은 절대자가 자기를 파악하는 단계이며, 자기표현 형식이다. 이 가운데서도 신적(神的)인 절대자가 자각적으로 자기를 파악하면서 최고의 단계에 이르는 것을 사람들이 서술한 것이 철학이다. 절대자는 유한자(有限者)의 모습을 통해 자기를 들어내는 것으로 헤겔은 파악했는데, 이것이 바로 그의 사상에서 나타나는 범신론(汎神論)적인 측면이다.

- 범 논리주의(Pan-logismus)

헤겔철학에 있어 정신(Geist), 이성(Vernunft), 이념(Idee)은 모두 동의어이며, 같은 맥락에서 이해되어야 한다. 그가 기독교 사상으로부터 많은 영향을 받았음을 인정한다면, 이런 점들에 수긍이 간다.

중세시대 교부철학자인 아우구스티누스의 견지에서는 신에 해당하는 것이 헤겔의 견지에서는 세계사를 이끌어가는 이성이다. 한편, 그의 철학체계 근저에는 논리적인 자기전개과정(das Logische)이 있다. 예컨대, 그의 저서인《논리학》제1판 서문을 보면, 인간이 다른 동물로부터 구별되는 것은 사고 때문인데, 사고는 언어에 의해 이루어지고, 언어는 자신 속에 사고규정(思考規定)을 지닌다는 내용이 나온다. 그의 논지에 의하면, 논리적인 자기전개과정은 인간에 있어 고유한 자연본성이기도 하며, 이런 논리적인 자기전개과정의 최고단계는 절대정신이다. 절대자가 자기 자신과 관련시켜 전개하는 것이 논리학이다. 그래서 예컨대, 태초의 말씀인 로고스(logos)는 신의 생각이며, 천지창조 이전에 있었던 신의 구상으로 이 세상을 만든 이치(理致)다.

– 범 비극주의(Pan-tragismus)

헤겔의 사상적인 근원은 희랍비극에 있으며, 이 비극에서 그의 변증법이 발상(發想)되었다. 그는 사랑의 변증법이 아니라 비극의 변증법으로 운명 앞에선 인간을 묘사하였다. 운명이란 인간생존에 내재하며 불가피한 것이다. 그러나 운명은 우리로 하여금 보다 깊은 자각의 계기를 이룬다. 희랍비극은 "너 자신을 알라."(Gnothi Seauton)라는 말을 극화(劇化. drama)한 것이다. 곧, 가상(假相)의 덮개를 벗어던지고, 진정한 자각을 깨닫게 하는 데 있다. 비극의 본질은 단순히 하강(下降. Untergang)이 아니라 몰락(沒落. zu grund gehen : 근원으로 돌아감)을 통해 고차적인 자기회복을 그리는 데 있다. 헤겔의 변증법은 희랍비극에서 볼 수 있듯이 인간존재에 있어 자기자각의 변증법이다. 칸트에서는 비사교적 사교성이라는 적대관계가 활동의 원동력이듯이, 헤겔이 중시하는 희랍비극에서는 악역과의 대립이라는 갈등상태가 활동의 원동력이다.

변증법적인 운동의 주체는 계속해서 자기부정을 해 나가면서 그것을 배경으로 발전해 나가는 보편적인 실체이다. 이 실체가 헤겔에 있어서는 정신과 이성이다. 실체는 우선 소박한 자기 자신, 곧 즉자(卽自, an sich)로서의 자각과 더불어 자기 자신에 대립하는 대자(對自, für sich)를 산출하고, 이것을 다시 부정한다. 요컨대, 자기의 근거를 반성함으로써 보다 고차적인 자기자각에 이르게 되는 것이다. 절대자는 유한자를 통해 자기를 나타낸다. 구체적인 유한자의 세계를 통해서 말이다.

10.2 객관정신으로서의 세계사

헤겔은 철학적인 역사(Die philosophische Geschichte)가 어떤 것인지를 밝히기 위해 우선, 근원적 역사(Die ursprüngliche Geschichte)와 반성적 역사(Die reflektierende Geschichte)에 관해 언급했다. 이 가운데 근원적 역사는 희랍시대의 헤로도투스(Herodotus)나 투기디데스(Thucydides)의 자세에서 볼 수 있듯이, 그들이 직접 목격한 사실이나 다른 사람들로부터 들은 이야기나 보고를 기록한 것을 가리킨다. 한편, 반성적 역사는 로마시대의 폴리비우스(Polybius)나 리비우스(Livius)의 경향에서 드러나듯이, 역사가 자신의 기준에 의해 사료를 수집하고 자기가 지향하는 안목에서 역사를 서술해 나가는 것을 가리킨다. 이런 역사들에 대해 헤겔이 추구하는 역사형태는 철학적 역사로서, 역사를 사유의 역사로 파악하면서, 사유의 주체인 이성을 통해 역사를 그리는 그런 것과 관련되어 있다.

이런 점에서 헤겔의 역사관은 사변적인 역사철학을 대표한다. 이런 헤겔의 역사관을 살펴볼 수 있는 대표적인 저서는, 그가 1831년에 콜레라 전염병으로 세상을 떠난 후인 1837년에, 간스(E. Gans)에 의해 편집되어 출판된 《역사철학강의》(*Vorlesungen über die Philosophie der Geschichte*)이다. 여기서도 그 책을 중심으로 그의 역사관을 살펴보기로 한다.

헤겔은 정신을 크게 유한한 정신과 절대정신으로 나눈다. 유한정신은 다시 주관정신과 객관정신으로 나누어진다. 주관정신은 개개인의 정신을 말하고, 이것에 대한 반정립(antithesis)인 객관정신은 도덕, 법률, 국가, 세계사가 그 주된 내용을 이룬다. 곧, 객관정신은 다음과 같은 것들이다.

① 소유권, 계약 등에 관한 법
② 책임, 양심 등에 관한 도덕
③ 가족(Familie)과 사회(Gesellschaft)가 지양(止揚. aufheben)된 인륜적 국가(sittlich Staat)

이어서 주관정신과 객관정신의 지양으로서 절대정신이 있다. 객관정신은 주관정신보다는 높지만 절대정신보다는 낮은 단계에 있다.

헤겔 역사철학의 골자는 세계정신(Weltgeist)의 자기전개과정을 서술한 책인 《역사철학강의》의 서론에 잘 요약되어 있다. 정신은 자기목적에 방해가 되는 장애물들을 극복하고 지양된 자기에게로 되돌아온다. 정신의 발전은 일정한 내용을 지닌 어떤 목적의 실현과정에 있다. 그런데 헤겔에 있어 이 목적은 자유의 이념(Idee)이다. 역사의 이념도 여기서 찾아야 한다.

10.3 자유와 필연

헤겔에 의하면 역사철학의 주요목표는 역사현상의 합리성을 밝히는 일이다. 이성은 세계의 주권자이고, 세계는 이런 이성의 합리적인 과정을 우리에게 보여준다. 그러므로 철학이 이성이라는 개념을 역사연구에 적용하는 일이 가능해진다(임희완, 2003: 8; Hegel, 1956: 9~11면). 여기서 그가 말하는 이성은 절대정신, 세계정신의 또 다른 표현이다. 이런 이성은 역사에서 나타나는 구체적인 여러 정신들—예컨대, 주관정신, 객관정신—을 통해 자기의 이념을 합리적으로 실현해 나간다.

헤겔은 '세계사는 세계정신의 자기실현과정이다'라는 대전제 위에서, 세계정신이 현실에 나타나는 과정, 곧 개개의 과정을 역사의 본질로 본다. 개인들은 보편적인 세계정신을 의식하지 못하고 다만 자기의 이기적인 목적만을 취할 뿐이다. 영웅이나 위인도 세계나 전 인류를 염두에 두면서 생각하거나 행동한다고 볼 수 없다. 그런데 역사에서의 개인들의 행위는 주관적으로는 이기적인 목적을 추구하면서도 객관적으로는 결국 보편적인 목적을 실현시키는 결과가 된다. 신의 이성은 자기의 보편적인 목적을 실현시키기 위해 역사에서 개인들의 이기심을 이용한다. 이것이 그의 표현에 의하면, 이성의 간지(理性의 奸智, List der Vernunft)이다(Hegel, 19~33면).

여기서 전체와 개인의 예정조화가 나타난다. 그 구체적인 모습은 신의 필연과, 개인의 이기심에 근거한 자유(Freiheit)를 조화시키는 것으로 되어 나간다. 역사는 합리적인 필연의 과정으로 전개된다. 역사 속에서 개인들은 자기들의 사적인 목적들을 실현한다. 그러나 개인의 자유는 세계사의 필연적인 전개와 어떤 관련을 맺는다. 절대정신의 본성도 세계사의 궁극 목적인 자유이다. 예컨대, 알렉산더 (Alexander)대왕은 의식적으로는 자기의 정복욕을 추구해 나갔지만, 결과적으로는 절대정신의 뜻을 실현시킨 것이다. 이런 인물이 바로 영웅이고, 세계사적인 개인(ein welthistorisches Individuum)이다. 개인이나 민족은 절대정신의 보편적인 목적을 실현시키기 위해 투쟁하게 된다.

이처럼 절대정신인 신은 각 개인의 이기심을 이용한다. 그리고 자유와 필연의 문제를 형이상학적인 예정조화설로 해결한다. 이 예정조화설이 역사형이상학의 전형(典型)이다. 이와 같은 것은 아우구스티누스(Augustinus)의 《신국론》(De Civitate Dei)으로부터 토인비(A. J. Toynbee)의 역사관에 이르기까지 흐르고 있으나, 가장 전형적인 표현은 헤겔이 말하는 '이성의 간지'이다. 요컨대, 그의 사관은 변신론적인 역사형이상학(사변적인 역사철학)에 기초를 두고 있다.

10.4 시민사회, 국가 및 그의 철학이 지닌 문제점

헤겔은 역사철학의 연구대상을 세계사로 규정했다. 헤겔의 역사관은 주관정신으로부터, 객관정신을 거쳐, 절대정신으로 올라가는 철학체계로 파악될 수 있다. 세계이성이 실현되는 마당은 객관정신으로서의 국가(Staat)이다. 시민사회(Bürger Gesellschft)는 개인의 소유를 중시하는 사회이며 욕망의 체계로서, 개인은 서로가 수단이 되고 자기목적을 추구하는 데 힘쓴다. 타인을 수단으로 삼지 않고는 자기의 목적을 추구하지 못한다. 국가는 개인의 단순한 집합이 아니다. 통일적으로 자기의 목적을 추구하는 존재로 일종이 유기체(국가유기체)이다. 곧, 국가는 시민사회의 상부구조로서, 객관정신이라는 형이상학적인 존재조건을 지닌 보다 이상적인 존재이다. 국가는 특수한 주관적 의지와 보편성을 지닌 객관적 의지와의 통일로서 볼 수 있는 인륜적 전체(人倫的 全體. das sittliche Ganze)이다.

헤겔은 인간의 존재양식을 유적본질(類的本質)로 파악하면서 사회윤리를 강조한다. 가족(Familie)에서 그 반정립(Anti theses)인 시민사회, 그리고 즉자(an sich)와 대자(für sich)를 종합해서 인륜적 국가(sittlich Staat)가 된다. 국가생활을 하는 개인이라야 문화적인 개인이다. 개인에게서 볼 수 있는 자유방임적인 것은 자의(自意)에 불과하며, 진정한 자유는 개인적인 의지와 전체의 의지, 주관과 객관의 통일로 비로소 가능하다.

세계사에서 중요시되는 것은 국가를 형성한 민족(Volk)이다. 국가를 형성하지 못한 민족은 세계사에서 역할을 하기 힘든 세계사외적(世界史外的)인 민족이다. 철학자는 세계사적인 역사를 다룬다. 그는 주관정신과 절대정신의 중간단계로서 민족정신(Volksgeist)을 설정하였다. 민족정신은 절대정신이라는 단계에서 보면 그 이전 단계에 불과하다. 소위 '민족의 얼'이 그가 말하는 민족정신에 해당된다고 하겠다. 이처럼 그는 민족정신을 통해 근대국가성립을 옹호하였으니, 이것이 그가 의도한 민족주의, 국가주의(nationalism)의 철학적인 표현이라 하겠다.

세계정신(Weltgeist)은 민족정신의 흥망이라는 매개를 통해 자기의 현실성을 높여간다. 세계정신의 발전은 현실의 민족정신을 계기로 하여 불완전한 민족정신으로부터, 완전한 것에로 높아 가는 과정이다. 어떤 민족정신이 보다 완전하게 된다는 것은 내적으로 충실해지는 것을 말하며, 그것은 하나의 민족국가를 형성하는 것으로 나타난다. 그런 민족국가는 세계사에서 한 단계의 역할을 하고, 그 역할

을 마치면 필연적으로 망한다. 한 민족은 한번만 세계사의 주인공을
한다. 이어서 다시 새로 형성된 민족정신은 이전보다 더 보편적인 내
용을 가지고 공헌한 다음에는 마찬가지로 멸망한다. 국가는 이런 과
정을 거치면서 보다 보편적인 내용을 담은 보다 보편적인 국가로 되
어간다. 이런 국가의 변천과정은 세계사의 발전을 위해서는 불가피
하며, 그 발전방법이 변증법적이다. 민족의 측면에서 보면 역사의 전
개과정은 불연속적이지만, 세계정신의 측면에서 보면 연속적인 자기
전개과정이다.

개별적인 민족국가들에서 나타나는 이런 흥망성쇠의 과정은 세계
정신인 '이성의 간지'(List der Vernunft)에 따른다. 절대자인 세계정
신은 이런 변화의 과정을 통해 자기를 끊임없이 전개해 나간다. 이런
측면에서 세계정신의 자기전개과정은 동적이며, 발전적이다. 역사의
측면에서 보면 절대자는 역사의 긴 과정 속에서 자기를 실현하면서
전개하는 것이 된다. 절대자는 이런 과정을 통해 자기의 본질을 드러
내는데, 이런 점에서 헤겔의 역사관에는 목적론적인 섭리사관이 스
며있다.

그는 자유의식(das Bewusstsein der Freiheit)이 전개되는 진보의 여
러 단계를 중심으로, 세계사(보편사)의 구분을 다음과 같이 4가지로
크게 나누면서, 역사의 중심이 동방에서 시작하여 서방으로 향하는
것으로 서술하였다(Hegel, 1982, 133~141면; Hegel, 김종호 옮김,
1986a, 194~201면).

(1) 역사의 유년기(das Kindesalter der Geschichte)로서의 고대동양
  문명(Orient)세계
  고대 인도와 중국의 경우로 한 사람만이 자유를 지님. 가족관계에

기초를 두는 국가로서, 가장제(家長制)에 의거하는 통치형태를 취한
다. 전제정체(Despotismus)시대에 머물러 있던 시대다.

(2) 청년기(das Jünglingsalter)로서의 희랍(die griechische Welt) 문명
　　자유(Freiheit)를 중시하는 경향이 싹틈. 도시국가에서 사람들의
개성(Individualitären)이 드러나고, 정치적인 민주주의가 싹틈. 약간의
사람이 자유를 알고 누린다. 민주정체(Demokratie)시대에 해당한다.

(3) 장년기(das Mannesalter)로서의 로마 문명
　　이성을 좀 더 객관화하여 법제도를 만들고, 도시국가(police)내에
있었던 좁은 자유의 벽을 헐어버리고, 많은 사람들을 포괄할 수 있는
길을 열어 놓았던 로마제국(das Römische Reich)시대에 해당한다. 추
상적인 보편성의 나라(Das Reich der abstrakten Allgemeinheit)를 추
구하던 시대다. 정체로 보면, 귀족정체(Aristokratie)시대에 해당한다.

(4) 노년기(das Greisenalter)로서의 독일 기독교 문명
　　만민이 자유를 누리고, 자유가 객관화된 근대적인 국가의식과 더
불어 인류의식에 도달한 독일이 여기에 해당된다. 인간정신이 기독
교정신의 도움으로 완성기에 접어든다. 이 시대는 국가와 교회의 서
로 도움을 주면서 지낸다. 군주정체(Monarchie)시대에 해당한다.

그(1982)는 이런 단계의 흐름을 전체적으로 파악하면서 그 경향을
다음과 같이 나타내기도 하였다.[6]

태양, 광명은 동방에서 떠오른다(133면). …… 세계사는 동방에서 서

방으로 진행한다. 왜냐하면 유럽은 세계사의 끝이고 아시아는 처음이
기 때문이다(134면).

이처럼 그의 역사철학은 그가 살던 프러시아(Prussia)의 국가형성
과도 밀접한 관련을 맺는다. 그는 프러시아라는 국가에서 세계정신
의 실현을 보려했다. 그가 프러시아라는 국가에서 인간 정신의 완성
을 보려 했다는 이유로, 이런 그의 견해를 비판하는 사람들도 나타나
게 되었다. 그런 사람들 가운데 심한 경우는 그의 사관을 프러시아라
는 관료국가의 어용철학(御用哲學)이라고 비난하기도 했다.

>6 "Die Sonne, das Licht geht im Morgenlande auf(Hegel, 1982: 133). ……Die
Weltgeschichte geht von Osten nach Westen, denn Europa ist schlechthin das Ende
der Weltgeschichte, Asien der Anfang"(134).

제11장 마르크스의 유물사관

11.1 청년 마르크스와 후기 마르크스

마르크스(Karl Marx, 1818~1883)가 살던 시대는 대체로 산업혁명을 거친 후 자본주의 경제사회체제가 확립되어 가는 시대로, 노자(勞資)간의 문제가 크게 논의의 대상으로 떠오르기 시작한 때였다. 유태인으로 태어나 본(Bonn)대학과 베르린(Berlin)대학에서 철학과 법학을 공부한 후 '라인신문'에 관계하였으나 정부로부터 폐간당했다. 그는 그 후 파리(Paris)로 망명하였으며, 프랑스의 사회주의자인 프루동(P. J. Proudhon, 1809~1865)의 영향을 많이 받았다. 1845년에는 다시 벨지움(Belgium)의 브뤼셀(Brussels)로 망명하고, 엥겔스(Friedrich Engels, 1820~1895)와 더불어 '공산당선언'(Manifest der Kommunistischen Partei)을 기초하여, 1848년에 영국에서 발표하였다.

이 강령은 독일 고전철학의 영향 하에 변증법과 유물사관을 결합시키면서, 공산당의 사명을 명시하고 있다. 강령의 제1장은 계급투쟁으로서의 역사관, 2장은 무산계급을 위한 공산당의 사명, 3장은 여러 사회주의에 대한 공산주의자들의 비판, 그리고 제4장은 혁명발생시 그들이 취해야 할 전투태세에 관해 서술되어 있다. 이 당시 프랑

스는 1830년에는 7월 혁명, 1848년에는
2월 혁명, 그리고 1848에서 1852년에는
제2공화정이 있었던 정치적인 격변기
였다.

▶ 마르크스

마르크스 사상은 1848년 이전과 이
후의 시기로 크게 나누어지며, 전기는
학자, 언론인으로서 젊은 청년 마르크
스(젊은 마르크스. Young Marx, 초기
마르크스)의 사상으로, 그에게는 휴머니티(humanity)가 그의 중요
관심사였다. 후기 마르크스(늙은 마르크스. Old Marx, 전투적 마르
크스)의 사상은 공산당 선언에 나타난 그의 주장을 포함하여 그 후의
사상으로 주의(主義)라는 틀에 넣어져 과격한 정치투쟁의 도구로 교
조(dogma)화 되는 특징이 있다. 특히 후기 마르크스주의에서의 당파
성 개념은 철학, 과학 등도 당의 목표를 실현시키기 위한 실천의 도
구가 되게 되었다.

그래서 2차 대전 후에는 청년 마르크스를 통해 후기 마르크스를
연구·비판하는 경향이 나타났는데, 그 이유는 마르크스 사상의 러시
아화(정치도구로서 교조화된 마르크스주의)로부터 서구사회의 연장
선에서 휴머니즘에 근거한 마르크스 사상 연구가 필요했기 때문이
다. 예컨대, 헝가리의 루카치(G. Lukacs)의 저서 《청년 헤겔》(Der
junge Hegel, 1948)이 그것이며, 이것은 그 후 수정주의(revisionism)의
한 실마리가 되었다.

11.2 마르크스 사상의 원천과 독창성

11.2.1 원천

마르크스주의의 이론적인 원천으로는 칸트에서 헤겔에 이르는 독일 관념론에 기초한 '독일의 고전철학', 아담 스미스(Adam Smith)에서 리카도(D. Ricardo)에 이르는 '영국의 고전 경제학', 그리고 프랑스인 생시몽(C. H. Saint Simon), 푸리에(C. Fourier), 영국인 오우웬(R. Owen) 등의 영향 속에서 형성된 '프랑스의 사회주의'를 들 수 있다. 여기에 사회경제사적인 측면에서 헤겔 좌파>7의 영향이 가미되었다.

마르크스는 헤겔의 유심론과 유심변증법을 반대하고, 유물사관, 반영론적 유물론, 과학적 사회주의를 주장하면서, 역사의 진행은 경제적인 조건이 결정적인 요소라 하였다. 보이지 않는 손에 의한 조화와 예정을 중시하는 자유주의 경제학에 대해 문제점을 제기하는 한

>7 1835년 스트라우스(Strauss)가 《예수전》(*Das Leben Jesu*)을 저술·발표한 것이 도화선이 되어 헤겔학도들 사이에 종교론·정치론에 관한 견해가 심각하게 대립되어 우파(die Rechte), 중앙파(das Zentrum), 좌파(die Linke)로 분열하였다. 이런 명칭들은 독일 의회의 우측 의석은 여당이, 좌측 의석은 야당이 차지하고 있는 것을 모방하여 스트라우스가 이름을 붙였다. 우파는 헤겔사상을 그대로 계승하려는 보수적인 입장을 취했으나, 좌파에 속하는 학자들은 유심론(唯心論)에 근거한 헤겔철학을 비판하고, 유물론(唯物論)을 주장하였다. 나중에는 논쟁의 주도권이 이들 좌파에게로 넘어갔다.

헤겔좌파는 헤겔형이상학의 반대사상인 유물론을 주장하면서도 그의 변증법만은 중시하여 정치혁명의 수단으로 이용하였다. 그들은 철학사상을 역사설명, 사회개조 등에 직접 결부시켰다. 특히, 포이어바흐(L. Feuerbach)는 좌파의 대표자였다. 그는 유물론과 더불어 원망설(願望說)을 주장하여 신은 인간이 무엇을 원망할 때 상상하는 환상에 불과하며, 존재하지 않는다고 했다. 그는 1841년 《기독교본질》에서 신학을 인간학으로 격하시키면서, "인간은 인간에 대해 신이다."(homo homni deur)라고 했다. 그는 신을 인간화한 최초의 사상가였다. 좌파에서는 종교의 교리를 무시하고 종교의 신앙정신을 부정하였다. 복음서의 사실성도, 영혼불멸도 모두 인정하지 않았다. 예컨대, 바우어(Bauer)는 성서를 비판하였고, 스트라우스는 복음서를 신화(神話)로 간주하였다.

편, 노동자들에 의한 계급투쟁론을 전개하여 혁명이론으로 삼았다. 이런 과정을 거치면서 헤겔좌파의 주장은 마르크스주의의 형성에 많은 영향을 미쳤다. 그의 견해를 독창성이라는 측면에서 좀 더 상세히 살펴보기로 한다.

11.2.2 독창성

마르크스에게서 독창적인 철학사상을 찾기는 힘들지만, 헤겔좌파의 사상을 사회경제사적인 측면에 적용한 것은 그 나름대로 독창적이라 할 수 있다. 보헨스키(Bochenski)는 《DIAMAT》라는 그의 저서에서 마르크스의 독창적인 부분을 다음과 같이 지적했다(최동희 외, 1980, 191면).

우선, 마르크스는 역사적 유물론의 창시자인데, 그것에 의하면 경제적 제(諸)관계가 궁극적으로 사회적 의식의 내용을 규정한다(과학·예술·종교·정치 등). 이 의식은 반영(反映. reflex)에 불과하고, 경제적인 생활제조건의 상부구조(überbau)에 불과하다.

다음, 마르크스는 사회의 합법칙적 필연적 발전의 이론을 전개했는데 이 이론은 계급투쟁을 통해 공산주의를 도래하게 해야한다는 것이다. 그렇게 되면 인간은 인간의 예속으로부터 해방이 될 것이다. 이 해방은 마르크스에 있어서는—그 이외의 그의 결정론에 반하여— 프롤레타리아(무산계급. proletariat)의 임무와 사명이 되고, 프롤레타리아는 공산주의를 혁명에 의해 실현시키려는 메시아적 소명(召命)을 다하는 것이다.

끝으로, 이것은 그의 철학의 가장 현저한 특색인데, 그는 이중의 실천의 의의를 주장했다. 하나는 실천만이 진리에 합당한 올바른 의식을 가져오게 한다는 것이요, 다른 하나는 철학자의 임무는 세계를 해석만 할 것이 아니라, 세계를 변혁시키는 일이라는 것이다. 후에 유물론을 '변증법적 유물론'으로 만들어준 요소는 그에게 있어 아주 약간밖에 완성되지 못했다(Bochenski, DIAMAT, 21면).

이 보헨스키의 3요소설에 따라서 마르크스주의의 성격을 규정한다면, (1) '존재가 의식을 규정하다.'는 유물론과, (2) '의식은 존재의 반영에 불과하다.'는 반영론과, (3) 물심이원론(物心二元論)적인 이분법에 근거하여, 토대(하부구조)와 상부구조를 논하며, (4) 사회과학에서의 필연적인 법칙관을 인정하는 가운데, 필연적인 역사법칙을 인정하면서 필연사관 내지는 역사결정론을 펼치며, (5) 물질결정론의 원칙에서 벗어나, 혁명적 실천의 주의주의(主意主義)적 성격도 강조하면서 물질과 정신의 상호 영향 설에로의 길을 열어놓고 있으며, (6) '실천만이 진리에 합당한 올바른 의식을 가져온다.'는 실천적 유물론이라 하겠다(최동희 외, 191~192면). 이 가운데 (5)와 (6)의 경우, 그 인식론적인 전제는 주의주의적인 실용주의로서 당이나 지도자의 의지가 진리를 결정하는 기준이 된다고 보는 상대적 진리관을 옹호하는 실마리가 된다.

11.3 소외이론(疎外理論)

마르크스에 의하면 인간의 본질은 자유를 추구하는 유적본질(類的本質. Gattungswesen)이다. 이런 모습은 그가 독일 에나(Yena)대학에서 취득한 박사학위(Ph. D.) 논문인 「자연철학에 관한 데모크리투스 학파와 에피쿠로스 학파의 차이점」(Über die Differenz zuwischen demokritischen und epikurischen Natur Philosophie)에서도 잘 드러나 있다. 데모크리투스는 아테네 전기의 철학 가운데 후기의 자연철학을 대표하는 사람이며, 에피쿠로스는 헬레니즘·로마 철학 가운데 에피쿠로스 학파를 일으킨 사람이다.[8] 이 논문은 인간의 자유를 기본 문제로 삼는다. 이를 위해 이 논문은 자연철학과 자유의 관계를 논한다.

그 후 그는 자유와 유물론의 관계에 관해 점차 관심을 가지게 되었다. 1841년 프러시아(Prussia)정부가 혁신적인 사회주의를 탄압하고 그와 친교를 맺고 있던 바우어(Bruno Bauer)를 추방하자, 마르크스는 대학교단에 머무르려는 꿈을 버리고 '정치에 관한 라인신문' (Rheinische Zeitung für Politik Handel und Gewerbe)이라는 신문의 기자가 되었다. 그는 이런 주변 상황에 의해 소외감과 현실에 대한 비판의식을 더욱 지니게 되었다. 뿐만 아니라 경제적·물질적인 이해가 소용돌이치는 현실을 보고, 모순과 불합리성을 지닌 것으로 현실을 진단하게 된다. 이어서 인간에 있어 무엇이 본질인가를 더욱 탐구하게 된다.

마르크스에 의하면 그 본질이란 바로 자유이며, 그 자유는 개인에게 있어서 뿐만아니라 모든 인간이 공유(公有)하는 유적본질

---

[8] 데모크리투스(Demokritos. 460~360 B.C.)에 의하면 세계는 물질들로 이루어져 있는데, 이런 물질들은 더 이상 분할할 수 없는 불가분(不可分)한 원자(atomon)들로 이루어져 있다. 그는 사람과 그 정신현상을 설명하는 데 있어서도 원자론에 입각했다. 사람의 마음도 원자로 구성되어 있으며, 그것은 불의 원자라고 하는 미세하고 둥근 원자이다. 이런 점에서 그는 원자론적인 유물론자였다. 한편, 에피쿠로스(Epikuros, 341~270 B.C.)는 철학을 개인의 쾌락 곧, 행복을 얻는 수단을 연구하는 것이라고 하였다. 진정한 쾌락은 마음의 안정된 상태에 있다. 이런 경지를 아타락시아(ataraxia. 마음의 평정)라고 했다. 그리하여 그는 '숨어서 살라!'(lathe biosas)는 신조아래 세속을 떠나 검소한 생활을 즐겼다. 그러면서도 그는 유물론적인 견지에서 종교를 배격하였다(최동희 외, 1972, 61면).

(Gattungswe-sen)이며, 사회적 본질이다. 인간이란 그 유(類)에 있어 평등하여야 하는데, 약육강식에 의해 동물 세계화되고 있다. 이것은 빈부·강약과 같은 형태로 나타나며, 종(種)적인 존재방식이다. 하지만 인간이 추구하는 참다운 존재방식은 인류공동체로서 사회적·공동체적인 존재방식이다. 이런 면에서 그의 유적본질이라는 것은 독일 사회에 횡행하던 개인주의 나아가서는 이기주의에 대한 비판이기도 하다. 칸트가 실천이성을, 헤겔이 국가이성을 각각 강조했다면, 마르크스는 이런 점에서 사회적 이성을 강조하였다고 할 수 있다. 그리고 헤겔에 있어서의 유적 존재가 국가(Staat)였다면, 마르크스에 있어서는 계급(Lass)이다.

1843년 3월에 1년 동안 일했던 라인(Rhein)신문기자 생활을 그만두고 자기의 개인 관심사를 연구하며, 그 성과로 내놓은 것이 《헤겔 국가법비판》(*Kritik der Hegelschen Staats Recht*), 《유대문제》(*Zu Juden Fragen*), 《헤겔 법철학비판》(*Kritik der Hegelschen Rechts Philosophie*) 등이다. 마르크스는 아래와 같은 몇 가지 측면에서 헤겔과 바우어의 견해를 비판하고 나섰다.

첫째, 헤겔은 국가를 너무 추상적·공상적인 것으로 파악했다. 헤겔이 말하는 국가는 가족과 시민사회의 상위에 서 있으며, 이념적인 공동체로 간주되고 있는데, 이것은 당시의 프러시아 국가현실에 불과하다. 이에 대해 마르크스는 국적의 불필요성과 국가소멸을 내세웠다.

둘째, 바우어는 정치문제에 앞서 종교문제를 해결해야 한다고 했다. 마르크스는 이런 논조에 대해 '바우어는 정치문제를 종교와 신학의 문제로 대치시키고 있다'고 비난했다. 이어서 그는 《유대문제》라는 저서에서 인간해방을 논하면서 유태인 자신부터 유태인으로부터 해방되어야 한다고 했다. 여기서 마르크스는 철학에 관심을 가지고 사회과학적인 철학의 길을 텄다.

이처럼 마르크스는 헤겔과 바우어에 대한 비판을 통해, 국가·정치·종교문제를 다뤘다. 그러면서 그는 그런 것들이 지니는 인간이라는 의미에 관해 관심을 지니게 되었다. 그는 '인간이 인간에 있어 최고의 존재'라는 포이어바흐의 인간학에 동조했다. 여기서 말하는 인간이란 추상적이 아닌 현실 속에서의 인간을 말한다. 추상적인 국가도 아니고 내세적인 것을 희구하는 종교도 아니다. 그런데, 그가 살던 당시의 사회는, 그의 말에 의하면, 타인을 수단으로 하고, 자기 자신마저도 수단으로 격하시켰다. 이 말은 칸트의 인격주의 윤리를 연상케 한다. 왜냐하면 칸트는 인간의 존엄성을 강조하면서, "너 자신에 있어서나 타인에 있어서나 인간성을 항상 동시에 목적으로 사용하라. 결코 단순한 수단으로만 사용하지 않도록 행위를 하라."(Handle so, dass du die Menschheit sowohl in deiner Person, als in der Person eines jeden anderen jedezeit zugleich als Zweck niemals als Mittel brauchst.)고 말했기 때문이다. 그가 살던 당시의 사회는 타인을 수단으로 삼고 돈(das Geld)이 현세의 신처럼 추앙되어 버렸다. 곧, 화폐의 물신화(物神化)경향이 나타났다. 기독교 사회인 독일 시민사회에서도 유태인에게서 볼 수 있듯이 배금주의가 흐르고 있었다. '돈이 현대의 권력이 되고, 실리적인 유대정신이 기독교의 실제적인 정신으로 되어 버렸다'고 그는《유대문제》에서 주장했다. 이런 시민사회는 서로를 수단화한다. 우리가 종교적인 해방을 필요로 한다면 우선, 현실의 배금주의에 빠진 유대교로부터 해방되어야 한다.

마르크스에 의하면 자본이 지배하는 사회는 잘못된 소외태(疎外態)이다.[9] 인간이 자기의 생산물이나 활동을 화폐지배에 맡겨버리

면, 화폐가 인간을 지배하는 세계로 되어, 인간은 자기소외적인 세계
에 살게 된다. 이 시대의 병폐는 바로 이런 화폐가 인간을 지배하는
세계라는 점이다. 그 즈음에 그는 엥겔스(Friedrich Engels)의 「정치
경제비판 요강」(Grundriss der Kritik der Politischen Ökonomie)이라
는 논문을 읽고 현실문제를 올바로 보기 위해서는 경제학을 연구할
필요가 있음을 느꼈다. 이런 필요와 노력의 결실로 나타난 논문이
「경제철학초고」(Ökonomisch Philosophische Manuskrift)이다. 시민
문제를 분석하기 위해서는 경제학이 필요하며, 인간소외문제는 경제
문제와 불가분의 관계를 맺고 있음을 주장하면서, 그는 다음과 같은
견해를 펴나갔다.

첫째, 인간의 진정한 해방은 경제적인 빈곤으로부터의 해방이다. 그
런데 빈곤의 원인은 잘못된 경제체제(Ökonomie System)에 근거한다.

둘째, 개인의 이익추구를 승인하는 자유경쟁체제에서는 노동이 상
품화되므로 그것으로 인하여 인간은 자기소외에 빠진다. 곧, 시민사
회에 있어 인간 소외의 근본원인은 노동의 상품화에서 비롯된다. 인
간의 노동은 자본을 소유한 자들에 의해 화폐로 교환되어 매매된다.
결국 화폐가 인간을 지배하게 된다. 이런 상황에서는 가치창조의 원
천인 신성한 노동이 변질되어, 노동자는 노동을 도리어 고통으로 느
낀다.

인간은 유적(類的)인 생활을 하는 유적 존재—사회적 존재—이다.
그런데 위와 같은 상황 아래서는 유적 생활이 소수의 개인들의 수단
이 되어, 유적 존재를 구성하는 대다수의 사람들은 소외되고 비인간

>9 소외(alienation)라는 개념이 철학에서는 자기소외의 뜻으로 사용되는데, 이것은 자기가 자기
의 본질을 잃고 비본질적인 상태에 놓이는 것을 가리킨다.

화된다. 이런 소외가 제거된 사회, 그것은 종적인 사회가 아니라 무
계급사회로서의 유적 존재이다.

셋째, 자연과 인간의 문제를 휴머니즘 측면에서 이해해야 한다. 그
는 《경제철학초고》에서 인간은 자연적 존재임을 밝히고 있다. 그는
포이어바흐(Ludwig A. Feuerbach, 1804~1872)의 자연주의적인 인간
관을 계승하면서, 인간을 자연의 일부로, 노동(Arbeit)을 인간의 자유
와 능동성을 매개로 한 자연과의 결합으로 각각 파악했다. 노동은 인
간을 자연과 결합시키며 인간으로 하여금 자기실현과 자기파악을 하
게 한다. 인간은 노동에 의해 자연 속에서 주체적으로 생활하게 된
다. 이런 면에서 노동은 인간에게 있어 능동적 자각 그 자체이다. 사
회는 이런 능동적 성질을 지닌 노동에 의해 형성된다.

포이어바흐는 1841년 《기독교본질》(Das Wesen des Christentums)이
라는 책에서 인간학적 신학을 주장했다. 그에 의하면 종교의 내용과
대상은 지극히 인간적이어야 한다. 그는 "인간은 인간에 대해 신이
다."(Homo Homni Deus)라고 까지 했다. 신에 관한 사상은 '너와
나'에 관한 사상에서 싹튼다. 그래서 그(1843)는 《미래 철학의 근본
명제》(Grundsätze der Philosophie der Zukunft)라는 책에서, '새로운 철
학의 원리는 인간과 인간을 통일하는 원리, 나와 너(Ich und Du)를
통일하는 원리이다'라고 했다. 이어서 남녀의 본능적인 결합으로 이
루어진 단위를 유적인 존재의 단위로 파악했다.

한편, 마르크스는 포이어바흐가 말하는 '나와 너'나, '남녀의 본능
적 결합' 등에는 정치·경제적인 측면이 없다하여 비판을 가했다. 이
어서 그는 자연과 인간의 결합에 시각을 돌려 능동적인 성질을 지닌
노동에 의해 사회가 형성된다고 했다.

그러나 소외이론에 근거한 그의 인간관은 사회적인 접근에 의한

것이었지, 심리적인 접근에 의한 것이 아니었다. 사회적인 접근방법에 너무 집착하고 있어, 인간의 자연권적인 본성이 소홀히 취급되고 있다. 결국 본능이나 욕구 등 각 개인의 적나라한 삶의 모습을 파악하지 않고, 전체적인 사회경제체제에만 관심을 두다보니, 그도 사회경제체제의 물신화에 빠져버렸다.

11.4 사적 유물론(史的 唯物論)

사적 유물론(historical materialism)은 역사에 변증법적인 유물론을 적용한 것으로 유물사관(唯物史觀)이라고도 한다. 사적 유물론이 역사나 사회의 형성을 파악하는 방법으로 확립된 것은 1845~1846년에 쓴 《독일 이데올로기》(*Deutsche Ideologie*)에서였다. 그는 이 책에서 인간의 역사적 활동에 있어 물질적인 과정이 인간의 의식을 결정하며, 사회의 모든 정치적·이데올로기적인 상층구조를 결정한다."고 주장했다(전원배, 2003, 49면).

마르크스의 역사해석은 사회경제사적인 접근에 의해 이루어지고 있다. 그는 이제까지 내려오던 철학적 변증법(辨證法. Dialektik)을 시민사회의 경제학적 변증법—생산력과 생산관계,>10 자본가와 노동자처럼 계급간의 관계—으로 대체시키면서 대립의 변증법으로 바꾸

>10 생산력은 생산의 3요소인 노동·자본·토지처럼, 생산을 위해 반드시 갖추어야 할 요소들이 결합하여 이루어지는 생산의 능률을 뜻한다. 생산력에는 노동력·노동대상·노동수단이라는 3요소가 있다. 여기서 노동대상이란 인간이 작업 대상으로 하는 원료가 그 예이다. 노동수단은 노동하는 데 필요한 물리적인 여러 조건 예컨대, 토지, 운하, 도로, 항만 등이 포함되며, 노동대상과 노동수단을 합한 것이 생산수단이다. 요컨대, 생산력은 노동력과 생산수단에 의해 이루어진다. 한편, 생산관계란 생산과정에 있어 결합된 인적관계를 뜻한다. 그리고 생산력과 생산관계라는 대립물의 통일을 생산양식 또는 생산방법이라 한다.

었다. 여러 가지 변증법 가운데서도 마르크스가 특히 중요시한 것은 헤겔의 변증법>11이었다. 그는 헤겔의 변증법, 다시 말해 관념이나 이념의 변증법을 유물론적인 것으로 재편성해서, 관념의 세계보다 물질적인 것의 우위를 강조했다. 마르크스가 헤겔의 변증법을 그의 경제나 역사이론들 가운데 어떤 부분을 나타내기 위해 이용했던 것에 반해, 변증법적인 유물론을 형이상학이나 실재론으로 발전시킨 자는 바로 엥겔스였다(Edwards, vol. 5, 1978, 172면).

이런 과정을 거쳐 1859년에 발표된《경제학비판 서설》에서 마르크스는 다음과 같은 소위 '유물사관공식'을 제시하기에 이르렀다.

인간은 그의 생활의 사회적 생산에 있어 일정한, 필연적인, 그들의 의지와 독립한 생산세계에 들어간다. 이 생산세계는 그들의 물질적 생산력의 일정한 발전단계에 소응(昭應)하는 바, 이 생산관계의 총체가 사회의 경제적 구조를 형성한다. 이것이 현실의 토대가 되어 그 위에 법률적 또는 정치적 상층구조가 올라서며, 이에 일정한 사회적 의식형태가 대응한다. 이리하여 물질적 생활의 생산양식이 사회적, 정치적, 정신적 생활과정 일반을 제약한다. 인간의 의식이 그들의 존재를 구성하는 게 아니라, 반대로 그들의 사회적 존재가 그들의 의식을 규정한다(전원배, 50면).

>11 원래 헤겔은 변증법을 인식과 존재에서의 역동적인 발전법칙으로 간주했다. 개념(Begriff) 또는 이념(Idea)의 자기전개 방법은 도식적으로 정립(定立. These) → 반정립(反定立. Anti-these) → 종합(綜合. Synthese)의 3단계를 부단히 거친다는 것이었다. 헤겔은 정립과 반정립이 대립되었을 때 그 어느 것을 버리는 것이 아니라, 그 양쪽에서 부정할 것은 부정하면서 동시에 보유할 것은 보유하여, 말하자면 '없애 가지는' 새로운 종합에 도달한다고 했다. 그는 이를 지양(止揚. Aufheben)이라 했다. 이처럼 헤겔의 변증법은 관념이나 이념의 변증법이다.

이렇듯 물질적인 생산력이 토대가 되어 그것에 따라 생산관계인 사회제도(소유제)에도 변동이 생기고, 경제적인 하부구조는 이런 생산관계들의 총체 위에 세워진 정신문화에 영향을 준다고 하는 것이 사적 유물론의 골자이다(최동희 외, 1980, 204면). 이상과 같은 논거 위에서 마르크스는 사적 유물론, 곧 유물사관을 더욱 펼쳐나가는데, 그의 견해는 크게 다음과 같은 3가지로 요약된다.

(1) 역사에 있어 그 발전은 경제적인 토대(하부구조)에 의해 규정된다: 경제결정론.

(2) 역사에는 필연적인 역사법칙이 있으며, 그 법칙은 경제발전법칙에 의해 해명된다: 필연사관과 경제지상주의.

(3) 세계사는 계급투쟁의 역사이고 한 사회로부터 다음 사회단계로의 이행은 비평화적인 폭력혁명에 의한다: 프롤레타리아 혁명론과 계급투쟁론(202면).

한편, 마르크스에 의하면, 인류의 역사란 '무엇이 생산되느냐가 아니라, 어떻게 생산되느냐'에 따라 구분된다. 다시 말해 생산수단을 누가 소유하고 지배하느냐에 따라 구분된다고 하면서 아래와 같은 단계들을 제시했다(전원배, 55면).

(1) 원시공산사회 : 석기 및 화살[弓矢]을 사용하여 생활 자료를 채취함, 공동생활.

(2) 고대노예사회 : 금속기구사용, 노예와 노예주형성, 계급분열생.

(3) 중세봉건사회 : 농업사회, 농노와 봉건영주.

(4) 자본주의사회 : 공업사회, 노동자와 자본가.

(5) 사회주의사회 : 생산수단의 사회화.

(1)과 (5)를 제외하고, (2), (3), (4)의 사회단계에서는 사유제가 인정되는 관계로 계급적인 대립을 그 특징으로 한다. 이처럼 마르크스의 역사발전 5단계설은 주로 소유관계에 근거해서 구분되고 그 소유관계에 기초한 계급대립의 이분법을 이끌어내어 계급투쟁론을 전개함으로써 설명된다. 그가 살던 사회는 자본주의에서 사회주의로 이행되어가는 시기에 해당된다.

이제까지 마르크스의 역사관을 살펴보았다. 이런 그의 역사관에서 드러나는 문제점으로는 첫째, 마르크스는 필연사관이나 역사결정론을 주장하는데, 만일 마르크스주의자들처럼 역사 발전 과정이 필연적으로 결정되어 있다면, 역사에서 인간의 역할은 고작해서 그 속도의 완속 밖에 좌우하지 못하게 된다. 역사에서 인간중심의 역사관을 왜소시킬 염려가 있다. 더욱이 물질적 생산력을 역사의 원동력이라 하더라도 그 생산력의 발전, 곧 도구·기술·기계의 발전은 정신의 산물이 아닌가?

둘째, 그는 혁명적·주의주의(主意主義)적인 성격을 강조하면서, 당이나 지도자의 의지를 강조하기도 하는데, 이는 그 인식론적인 전제가 일종의 주의주의적인 실용주의며 나아가서는 상대적 진리관을 옹호하는 자세에서 비롯된다. 한편, 접근방법이 사회경제체제의 물신화에 빠져, 인간이 지닌 자연권적인 본성을 무시하는 경향이 짙다. 인간이나 사회를 파악할 때에 심리적인 접근방법이 결여된 것도 문제이다.

셋째, 그는 역사를 자연의 전개과정으로 본다. 자연이라는 것은 형이상학적인 실체로서의 물질이다. 여기서 그는 역사적인 사실과 물질을 구별하지 못하고 있음이 드러난다. 아울러 그는 의식은 존재의 반영이라는 반영론적인 유물론을 내세우는데, 이는 일종의 소박실재론(素朴實在論. naive realism)으로 모사설(模寫說. copy theory)를 그 인식론적인 전제로 삼는다. 그러나 인간의 의식이 존재의 반영에 불과한 것인지는 의문의 여지가 많다.

넷째, 그는 모순(contradiction)이라는 개념과 반대(contrary)라는 개념을 혼동하면서 유물사관과 변증법을 펼쳤다. 모순개념에 대한 잘못된 파악은 헤겔을 비롯한 19세기 철학자들에게서 공통으로 발견되는 것이기도 한데, 이들은 논리적인 모순과 현실적인 대립·갈등 등의 대(對)개념들을 구분하지 못하고 있다. 예컨대, '흰색'과 '흰색이 아닌 색'은 서로 모순개념이나 '흰색'과 '검은 색'은 모순개념이 아닌 반대개념이다. 노동자와 자본가도 모순개념이 아닌 반대개념이다.

제12장 랑케의 실증사관

12.1 실증주의와 실증사관

랑케(Leopold von Ranke. 1795~1886)는 1795년 12월 독일 투링기아(Thuringia)에서 독실한 루터교 집안에서 태어나 성장했다. 1814년 라이프치히대학(University of Leipzig)에 입학해서는 주로 언어학과 신학을 공부했으며, 졸업 후에는 프랑크프르트(Frankfurt)로 가서 1818에서 1825년까지 고등학교(Gymnasium)에서 라틴 및 그리스 고전을 가리켰다. 여기서 그는 문학 속에 나타나는 역사사실들이 불확실하다는 것을 알고 불만을 갖게 되었다. 예컨대, 그는 월터 스코트 경(Sir Walter Scatt)이 쓴 전기소설들을 읽고 심취했으나, 비록 소설이지만 사실에 대한 부정확성에 실망하고, 사실 그 자체에 대해 더 큰 흥미를 느끼고, 1824년《로마와 게르만민족의 역사》이라는 책을 출판했다. 이 책으로 유명해진 그는 베를린대학 역사학교수로 취임하게 되었다. 그 후 그는 91세로 세상을 떠날 때까지 60여권의 책을 썼는데, 그 대표적인 것들로는 위의 저서 외에《근대 역사

▶ 랑케

서술가의 비판에 대하여》,《16, 17세기 남부유럽의 군주와 민족》,《교황의 역사》,《종교개혁시대의 독일사》,《프랑스사》,《이탈리아사》 등이 있다(이상현, 1991, 340~345면).

그의 역사관은 흔히 실증사관이라 일컬어진다. 이런 실증사관은 철학에서는 실증주의(positivism)와 특히 관련되어 있다. 실증주의는 모든 지식의 대상은 경험적인 사실에 한정된다는 근세철학의 한 사조로, 근대 자연과학의 방법과 성과에 의거하는 물리적·정시적 현상세계에 통일적인 설명을 하려 한다. 사변적·형이상학적인 고찰을 물리치고 경험과학에서 추구하는 방법을 중요시한다. 콩트(I.A.M.F.X. Comte)의 견해가 그 대표적인 경우에 속한다. 콩트는 그의 저서인 《실증철학강의》에서 인간의 인식단계를 '신학적인 단계', '형이상학적인 단계', '실증적인 단계'로 나누고, 실증적인 단계에 이르러서야 인간의 인식은 과학적으로 된다고 했다. 그가 제시한 지식의 3단계론에 의하면, 인간의 지식은 제1의 신학적인 단계에서 제2의 형이상학적인 단계를 거쳐 제3의 실증적인 단계에서 완결된다.

이런 실증주의철학은 역사관에서는 랑케의 실증사관과 마르크스의 유물사관에 각각 영향을 미치게 된다. 특히 마르크스의 경우는 스스로를 실증주의자라고 여기기까지 했다. 랑케의 경우는 주관이 개입되지 않는 역사 탐구방법을 제시하는 데 힘썼고, 마르크스는 역사에 있어서의 발전은 경제적인 토대(하부구조)에 의해 규정된다는 경제결정론을 제시하면서, 정치 경제학 분야에 회오리바람을 일으켜 나갔다.

12.2 과거의 사실을 있는 그대로

근대 역사학의 시조라고도 일컬어지곤 하는 랑케는, 과거사실을 있는 그대로(wie es eigentlich gewesen ist) 조사하려는 실증적인 방법과, 개별성과 특수성이 지닌 가치를 중시하는 접근 자세를 취한다(임희완, 2003, 101면). 역사가는 마땅히 옛 기록(archives)과 기록문서(documents)를 직접 사용하여야 하며, 역사가의 목표는 과거에 있었던 대로 묘사하는 것(Es will bloß zeigen wie es eigentlich gewesen ist)이라고 그는 주장했다. 그는 그의 학생들에게 역사가의 의무는 "주관적인 것으로부터 객관적인 것을 분리해 내는 일이며, 이를 달리 말하면 본질로 돌아가는 일"이라고 말했다(이상현, 1991, 349면). 이러한 그의 태도는 역사를 신의 작품으로 간주하면서, 신의 작품인 역사를 역사가가 자의적으로 조작하는 것은 있을 수 없다는 그의 신념에서 비롯된다.

그래서 역사가가 책을 쓰기 위해선 다음과 같은 자세가 필요함을 그는 말했다.

역사가가 책을 쓰려면, 그 전에 그가 지니고 있는 정보가 원천적인 것인지 아닌지를 알아보아야 하며, 그것이 원천적인 것이 아니라 다른 인용서에서 빌려 온 것일 경우에는 그것이 어떠한 방도를 그리고 어떠한 종류의 조사연구를 통해 수집된 것인지를 알아보아야 한다(348면).

랑케는 객관적인 사실에 근거한 객관적인 서술을 주장하는 철저한 문헌학적인 역사를 견지했다. 그래서 그는 문헌을 발견할 수 없는 역사서들은 원천적으로 불신했으며, 신비스런 것이나 사변적인 것을 싫어했다. 아울러 그는 역사를 철학에서 분리해야 한다는 주장을 폈다. 물론 여기서 말하는 철학은 실증주의에 기초하지 않는 여타의 사변적인 철학들을 뜻한다 하겠다.

12.3 목적사관에 대한 소극적인 견해

랑케가 접근하는 기독교적인 역사관은 중세시대 교부철학자인 아우구스티누스의 기독교적인 역사관이나, 근세철학자인 헤르더의 목적사관, 헤겔의 이성의 간지를 통한 필연사관 등과는 상당한 차이가 있다. 특히 그는 이런 기독교적인 목적사관에 대해 비판적인 견해를 지녔는데, 그런 그의 학문적인 자세는 그가 바바리아(Bavaria)의 왕인 막시밀리안 2세(Maximilian II) 앞에서 한 강의에서 잘 나타나 있다. 이상현(1991)의 저서인 《역사철학과 그 역사》에는 그 내용이 다음과 같이 소개되고 있다.

만약 우리가 많은 철학자들처럼, 모든 인류가 어떤 주어진 원초적인 상태에서 어떤 절대적인 목표를 향해 발전한다고 생각하기를 원한다면, 우리는 그것을 다음의 두 가지 방법으로 생각할 수 있을 것이다. 어떤 보편성을 띤 지배의지가 인류를 어느 점으로부터 다른 점으로 발전하도록 촉진시켰다든가, 아니면 인간성 속에 나타나는 어떤 정신적인 요체(要諦)가 사물들을 어떤 일정한 목표를 향해 휘몰아가고 있다고. 나는 이러한 견해들을 철학적으로 옹호하거나 역사적으로 입증하고 싶지 않다. 우리는 이러한 관점이 철학적으로 받아들일 수 있는 것이라고 선언할 수가 없다. 왜냐하면 전자의 경우, 그것은 인간의 자유를 실질적으로 부정하고 인간존재를 아무런 의지도 갖지 않은 한낱 도구로 생각하는 것이 될 것이며, 후자의 경우 인간의 신이거나 그렇지 않으면 전혀 아무 것도 아닌 것으로 될 수밖에 없기 때문이다. 이러한 견해들은 역사적으로 입증할 수도 없다(350~351면).

이처럼 그는 목적론적인 사관이 아닌, 실증사관의 측면에서 기독교적인 신의 섭리도 이해하려했다. 종교와 결부된 진보사관에 대해서도 비판적인 견해를 나타냈다. 먼저 세대가 다음에 올 세대의 디딤돌로 간주되는 것은 신의 성품으로 미루어 보아 생각하기 힘들다. 각 시대마다 신과 관련되어 있으며, 그 나름대로 특성과 장점과 의의를 지닌다. 어떠한 시대도 다른 시대를 위한 수단이 될 수는 없다는 주장이다. 요컨대, 그는 역사의 과정(process)을 중시했다. 이런 점에서 그의 역사관은 다른 사람들에 비해, 각 시대를 중요시하고 정확하게 파악하려는 데 더 무게를 두면서, 역사발전에 대해서도 시사적이었다고 하겠다.

12.4 실증사관의 강점과 약점

랑케는 역사에 있어 객관성과 불편 부당을 주장함에 의해, 개인의 주관성을 배제하려 시도했다는 점에서 그 강점을 찾을 수 있다. 이런 점에서 역사연구 방법론이나 역사교육에서 큰 영향력을 미쳤다.

반면에 그에 대한 비판으로서는 우리가 '과거의 사실을 있는 그대로' 서술한다는 것은 사실상 힘들다는 점이다. 정도 차이는 있을지언정 역사를 서술하는 사람의 관점이 개입된다는 점이다. 이런 반실증사관을 펼치는 대표적인 인물들로서는 크로체나 콜링우드 등이다.

아울러 역사의 단위를 개별적인 국민국가에 그 초점을 맞추면서,

유럽을 중심으로 한 세계사에 머문 그의 사관은 국가적인 이기주의
와 유럽중심의 세계사로부터의 탈피를 주장하는 견해를 낳게 되는
결과도 초래했다. 이러한 문제점 때문에 과거에 무엇이 발생했는지
아는 데 무게를 둔 '과거를 알기위한 역사'에서, 이제는 '현재를 살
기위한 역사'로 그 방향을 전환해야 했다(임희완, 2003, 101면; 노명
식, 1985, 10~25면).

제13장 슈펭글러·토인비의 문명사관 (비교문화론)

13.1 문화유기체론

슈펭글러(Oswald Spengler, 1880~1936)는 독일의 불랑켄 부르크 (Blankenburg)에서 태어났으며, 뮌헨(Munich), 베를린(Berlin), 할레 (Halle)에 소재한 대학들에서 주로 자연과학과 수학을 공부했다. 그는 역사, 문학, 철학에 관한 책들도 광범위하게 읽었으며, 1904년에 헤라클리투스(Heraclitus)에 관한 논문으로 박사학위를 취득했다. 그후 그는 그의 대표적인 저서(1918)인 《서양의 몰락》(*Der Untergang des Abendlandes*)에서, 문화와 생물유기체는 서로 비슷한 점이 있음을 들어 문화유기체론을 펼쳤는데, 그에 의하면 문화나 생물유기체나 일정한 순환과정을 지닌다는 점이다. 그는 이처럼 문화의 유기체적인 순환과정을 통해 역사를 파악하려 했다. 인간의 역사를 문화유기체로 간주했다는 점이다.

그에 의하면, 세계는 '자연으로서의 세계'(world as nature)와 '역사로서의 세계'(world as history)로 분류된다. 전자는 인과성(causation)에 의해, 후자는 운명(destiny)에 의해 지배된다. 따라서 전자와 후자는 각각 자연주의와 역사관상학에 의해 해석되어야 한다(Spengler, 1932, I, ch. iii). 그런데 대체적으로 그의 저서의 주된 흐름은 인류문명의 침울하면서도 비관적인 운명에 의해 이루어졌다는 점이다 (임희완, 2003, 115면). 그의 처지에서 보면, 서양은 19세기에 겨울 단계에, 20세기 초에 이르러서는 독재주의(Caesarism)에 빠져 몰락의 길에 접어들었다는 점이다. 이런 그의 견해는 다음과 같은 그의 서술에 잘 나타나 있다.

그에 의하면 각 문화는 살아있는 생명체들처럼 출생, 성장, 성숙, 쇠퇴라는 일정한 과정을 밟는 유기체다. 역사는 봄, 여름, 가을, 겨울의 4단계를 거친다. 세계사에 나타난 대표적인 문화들은 이집트, 바빌로니아, 인도, 중국, 고대 그리스와 로마, 아랍, 멕시코, 서구인데 이들 문화는 모두 약 1천 년 정도 지속되었다. 그는 역사 발전과정을 문화(culture)와 문명(civilization)으로 구별하기도 했다. 봄, 여름, 가을은 출생, 성장, 성숙의 기간으로 창조적 활동기에 속하며, 문화의 시기다. 반면에 겨울은 쇠퇴의 기간으로 거대도시(megalopolis)가 나타나, 창의성이 고갈되고 물질적인 안락과 황금만능주의가 판치는 문명의 시기다. 이 문명시기의 전기에는 금권이, 후기에는 정권이 각각 사회를 지배한다. 그런데 정권만능은 전쟁을 유발하여, 마침내는 군국주의와 독재주의를 통해 사회정의를 무너뜨린다(116~117면; Hughes, 1992, 104~105면).

이와 같은 슈펭글러의 문화유기체론에서 찾아볼 수 있는 또 다른 특징은 문화와 생물유기체의 발전과정이 유사하다는 것에 근거해서 역사의 순환론을 펼쳤다는 점이다. 이런 순환론은 고대 그리스의 역사관이나, 근세 이탈리아의 철학자인 비코의 견해에서도 드러나 있다. 현대에 이르러서는 토인비의 비교문화론에서 두드러지게 나타난다.

아울러 슈펭글러는 경험적인 역사가들(empirical historians)이 펼치곤 했던 '고대－중세－현대'라는 역사의 골격이나, 한 동안 유행하던 직선적인 역사해석(the linear interpretation of history)에 대해 이의를 제기했다. 이어서 그의 역사관에서 찾아볼 수 있는 특징으로는, 유럽중심의 역사에서 벗어나 그 범위를 전지표적인 인류의 역사로 확대했다는 점도 눈여겨볼 일이다. 슈펭글러는 이런 그의 역사관들이 지닌 특징을 코페르니쿠스적인 전회(Copernican revolution)로 파악했다. 당대에 유행하던 기존의 역사관을 천동설을 주장한 프톨레마이오스(Ptolemy)적인 역사관에, 자신의 역사관을 지동설을 주장한 코페르니쿠스(Copernicus)적인 역사관에 각각 비유했다. 더욱이 이제까지 인류가 이룩한 최고의 문화라고 여겨지곤 하던 서유럽 중심의 서양문화도 말기현상에 접어들었음을 지적하면서, 종교의 중요성과 그 역할을 시사한 점은 주목할 만하다.

13.2 보편성을 지닌 상징주의

이어서 슈펭글러는 문화가 지닌 보편적인 상징주의(universal symbolism)를 내세우면서, 그 기초를 이루는 주요 상징들(prime symbols)을 제시했다. 그에 의하면 세계문화의 형태는 크게 아폴로형(Apollonian), 파우스트형(Faustian), 마고스형(Magian)으로 나누어지며, 그 대표성을 지닌 것으로 각각 고대 그리스에서 나타나는 고대문화(the Classical Culture), 서구문화(the Western Culture), 중세의 아랍문화(the Arabian Culture)를 제시했다. 이 가운데 아폴로형은 감각적으로 표현된 개체(the sensuously-present individual body)를, 파우스트형은 순수하고 무한한 공간(the pure and limitless space)을,

마고스형은 선과 악 사이에 벌어지는 끊임없는 투쟁(the unremitting
struggle between good and evil)을 각각 이상적인 주요 상징들로 그는
내세웠다.>12

　　이런 여러 가지 형태론적인 비교연구방법(morphological method；
comparative morphology)과 순환론을 취하는 슈펭글러의 영향을 받
은 인물 가운데 한사람이 영국의 토인비(Arnold Joseph Toynbee, 1889
~1975)이다. 그러나 토인비는 슈펭글러처럼 문명을 초유기체로 과도
하게 강조하지도 않고, 슈펭글러처럼 과도한 순환사관에 빠지지도
않으면서 그 나름대로의 역사관을 펼쳤다.

13.3 동시대성 논리

　　토인비는 영국의 역사가, 문명평론가로서, 고대와 현대를 통시적
으로 거시적인 견지에서, 세계사를 포괄적으로 다루었다. 슈펭글러

>12 　아폴로적인 고대문화에는 기계적인 정역학(mechanical statics), 올림포스 신들에 대한 감
각적인 예배, 정치적으로 개별적인 그리스의 독립국가들, 오이디프스(Oedipus)의 운명 등이 기본
적인 상징들로 등장하며, 파우스트적인 서구문화에는 갈릴레이의 동역학(Galileian dynamics), 가
톨릭과 프로테스탄트의 교의학(敎義學), 바로크시대의 절대왕조들, 리어왕(King Lear)의 운명, 그
리고 단테(Dante)의 베아트리체에서 파우스트 제2부 끝줄의 '마돈나 이상'(Madonna-ideal)등이
그런 상징들로 등장한다. 한편, 마고스적인 아랍문화에는 대수학, 점성학, 연금술, 모자이크와 아라
베스크, 칼리프제도, 유대교, 조로아스터교, 기독교, 마니교, 탈 고전시대 종교 등이 등장한다. 아폴
로인은 행동과 사색을 묶어두려 했으며, 인간의 냉정성과 예견할 수 없는 운명을 조용히 받아들이는
고전적인 태도를 눈에 보이는 형태로 상징화하려 했다. 반면에 파우스트인은 고대의 획일적인 조각
과 유형적인 상황의 비극에 반대하는 대신 초상화나 개인발달에 관한 드라마를 중요시했다. 그들은
고대 아폴로인들이 정적인 상태에서 명상한 세계를 동적인 세계로 바라보았다. 한편, 마고스인은 아
폴로인이나 파우스트인이 추구하는 합리성이나 논리적인 판단 대신에 초논리적이며 절대적인 일치
를 중시한다. 만약 신이 한 분이라면 정치와 종교의 분리란 있을 수 없다. 이런 점에서 유대교, 마호
멧교, 정교회는 모두 흡사하다(임희완, 117~123면; 노명식, 1987, 398~400면; 정항희, 1993,
552~553면).

가 문화와 생물유기체의 유사성을 들어 그 순환과정을 제시했다면, 토인비는 경험적인 조사인 사료에 근거해서 그 순환과정을 제시했다. 둘 다 모두 실증주의자들의 견해와 독일의 관념론자들의 견해에 대해 반대했다는 점에서도 유사하다.

토인비는 고대그리스시대 이래 희석되었던 역사의 반복성—순환사관—을 다시 강조함에 의해, 고대와 현대와의 사이에 '철학적인 동시대성'을 발견하고, 역사의 기초를 '문명'에 두었다. 문명을 유기체처럼 간주하면서, 문명이란 발생, 성장, 해체의 과정을 주기적으로 되풀이한다고 했다.

토인비는 현존하는 방대한 사료(史料)를 구사하여 세계사를 논하였다. 그는 과거에 흔히 있었던 형이상학적인 접근에 의한 역사파악에서 탈피하려 했다. 32개로 된 문명의 견본을 가지고 —그 가운데 3분의 1은 유산되었거나 저지된 문명— 연구한 후, 그는 충분히 발전된 다음과 같은 21개의 문명권을 찾아내어, 그 문명권들을 병행적·동시대적으로 나열하고, 그것들 모두가 규칙적인 주기를 지니고 있음을 밝히려 했다.

정교 그리스도교 문명(사회)	히타이트(Hittite) 문명
서구 문명	바빌로니아 문명
헬라 문명	이집트 문명
미노스(Minos) 문명	극동 문명
이란 문명	중국 고대 문명
아랍 문명	상(商) 문명
시리아 문명	안데스 문명
힌두 문명	유카탄 문명
인도 문명	멕시코 문명
인더스 문명	마야 문명
스메르(Sumer) 문명	

그의 주요 저서들로는 《국가와 전쟁》(*Nationality and war*. 1915), 《희랍 역사사상》(*Greek historical thought*. 1924), 《국제 문제 개관》(*A survey of international affairs*. 1924~1938), 《시험중인 문명》(*Civilization on trial*. 1948)등이 있으나, 가장 중요한 책은 1934년에서 1961년에 걸쳐 펴낸 12권으로 이루어진 《역사의 연구》(*A study of history*)이다.

그는 그리스 시대의 펠로폰네소스(Peloponnesus) 전쟁과 제1차 세계대전은 철학적 동시대성을 반영한다고 했다. 단지 전자는 동일한 민족 간의 내전이었고, 후자는 서로 다른 민족 간의 내전이었을 뿐이다.

토인비는 슈펭글러(Oswald Spengler. 1880~1936)의 저서인 《서구의 몰락》(*Der Untergang des Abendlandes*. 1918)을 탐독한 뒤 그를 비판하고 나섰다. 토인비는 슈펭글러가 역사적인 공동체를 국가나 제국으로 본 데 반하여, 역사공동체의 단위를 문화(문명)나 문화영역(사회)으로 본다. 그는 국가주의나 민족주의에 근거한 역사에 대해 반대했다. 그는 슈펭글러, 마르크스 등의 결정론적인 필연사관에 대해 반대하면서, 인간의 자유로운 결의(決意)와 행위에 의한 역사·문화의 형성을 강조했다.

그의 역사관의 모형(model)은 그리스 사회(Hellenic society)이다. 그는 사회나 문명을 형성하는 문명권을 연구단위로 삼았다. 물론, 문화들 가운데 유산된 문화(abortive culture)도 있고, 개화된 문화(full blossom culture)도 있다. 그에 의하면, 현재 존재하는 문명은 다음의 5가지이다.

서구 문명(사회)	힌두 문명
이슬람 문명	극동 문명
러시아의 정교·그리스도교 문명	

13.4 문명의 발생·성장·쇠퇴 및 해체

‑ 문명의 발생

토인비는 "문명이 어떻게 발생하는가?"라는 물음에 답하여 우선, 어떤 인종이나 모두 다 문명화할 수 있다고 보면서, 인종적인 편견을 거부했다. 야만상태에서 문명에로의 이행이 지체되는 이유는 전 인류 공유의 인간성과, 예외적으로 불리한 지역적인 상황과의 상호작용에서 연유한다. 그는 이처럼 문명의 발생에 있어 인종론을 부인함과 더불어 환경론도 부인했다. 자연환경이 문명발생에 영향을 준다는 것에 대해 비판을 가하면서 문명발생의 열쇠는 장애물을 극복함에 의해서였다고 했다. 이런 착상은 고대 중국의 음양설—음(陰)은 소극적·부정적이며, 양(陽)은 적극적·긍정적인 특성을 지니는데, 이들은 서로 대립하면서, 생성·변화한다.—이나, 성경의 욥기(Book of Job : 하나님이 욥에게 고난을 주고, 욥이 이것을 극복하는 과정이 서술되어 있음)에서 얻었다.

토인비는 장애물을 극복해 나가는 도식을 '도전과 응전'(挑戰과 應戰. challenge and response)이라는 공식에 의해 나타냈다. 여기서 응전이란 주어진 난관을 극복하기 위한 인간의 노력으로, 자극에 대한 인간의 주체적인 대응이다. 물론, 도전이 너무 강렬하면 효과적으로 응전을 하지 못해 그린랜드(Greenland)에서처럼 문명이 싹트지 못한다. 곧, 저지(沮止)된 문명으로 이어진다. 옛날 이슬람교의 도전에 대한 네스토리우스파 기독교의 응전도 마찬가지이다. 이슬람이 가한 도전의 가혹도가 너무 심한 것이어서 그 도전은 네스토리우스파 기독교 문명의 탄생을 저지시키고 말았다.

반면에 도전이 너무 미약하여도 문명은 싹트지 못한다. 예컨대, 의

식주 해결에 어려움이 없는 열대지방에서는 문명이 싹트기 힘들다. 또 다른 예로서 에티오피아(Ethiopia)의 아비시니아(Abyssinia)에서 이슬람교는 단성론파(單性論派) 기독교국에 도전을 가했다. 그러나 아비시니아에 가한 이슬람의 공격으로 야기된 이 조우전(遭遇戰)은, 이곳의 지역적인 자연환경이 지니는 난공불락성 때문에 최적한도의 자극도에는 훨씬 미치지 못해, 이슬람의 공격은 실패로 돌아갔다. 도전이 거의 없는 관계로 응전의 필요성도 없으며, 아울러 문명도 그렇게 잘 싹트지는 않았다.

자연환경이 문명의 발생에 영향을 미친 것으로는 나일강, 황하, 티그리스·유프라테스강, 인더스강에 의한 '대하 문명'을 들 수 있다. 이들 대하 문명은 큰 강이라는 자연환경에 영향을 받고 발전한 것으로, 이집트 문명, 황하 문명, 메소포타미아 문명, 인더스 문명을 각각 발생시켰다. 토인비는 문명의 발전 원동력을 도전에 대한 대응으로 보았다. 이집트 문명의 원동력은 나일강의 범람이었으며, 황하 문명의 원동력도 또한 황하의 범람이라는 것이다.

토인비는 도전이 너무 강해서 문명이 싹트지 못하는 경우를 저지된 문명(arrested civilization)으로, 도전이 너무 약해서 문명이 싹트지 못하는 경우를 유산 문명(abortive civilization)이라 각각 일컬었다. 그래서 문명은 도전과 응전이 적절하게 이루어지는 곳에서 싹튼다. 도전과 응전이 서로 관련을 맺으면서, 서로 계속해서 인과관계를 만드는 곳에서 문명은 싹튼다. 그는 도전과 응전이 이처럼 적절히 이루어지고 있는 것을 그는 중용(golden mean)이라고 했다. 한대지방이나 열대지방이 아닌 온대지방에서 문명이 싹트는 것도 그런 근거에서이다.

- 문명의 성장

문명의 성장을 위해서는 창조적인 소수자(creative minority)의 역할이 중요하다. 창조적인 소수자가 지니는 진취(initiative)적인 기상이 미개사회나 정체사회에서 문명사회로 전진하도록 자극한다. 창조적인 소수자는 도전에 대해 응전의 처방을 내놓고 앞서는 자이다. 이런 도전과 응전의 형태에서 싹트는 것이 문화이다. 창조적인 소수자는 적극적인 사랑과 희생을 감수할 용기가 있어야 한다. 예수 그리스도와 같은 사랑과 희생이 그 전형적인 예라고 하겠다. 모세(Moses)와 차라투스트라(Zarathustra)의 언행도 이에 속한다. 이들의 활동을 대중이 모방(minesis)>13하는 곳에서 문명은 상정한다.

- 문명의 쇠퇴 및 해체

문명이 쇠퇴하는 것은 기술의 퇴보에 의해서나 제도가 잘못되어서가 아니다. 그는 문명이 생명을 지닌 유기체와 같다는 슈펭글러의 문화유기체설에 반대한다. 문화유기체는 필연적으로 소멸한다는 슈펭글러의 도식에 빠지지 않기 위해 곧, 생명형성·사망의 필연성을 전제로 하는 결정론적인 해석을 배격하기 위해, 그는 문명의 쇠퇴는 오히려 사람들의 자기결정 능력의 상실에서 비롯된다고 했다. 문명이 쇠퇴하는 시대에는 혁신이나 창조보다는 오히려 구제도의 우상화가 앞선다. 이런 시대의 지도층에서 찾아볼 수 있는 특징은 틀에 박힌 수법(mannerism)이다. 지도자들은 자기의 창조력에 대한 대중의 자발적인 모방을 기대하는 것이 아니라, 폭력에 의한 지배를 선호한다.

>13 일반 대중들이 창조적인 소수자의 창의적인 사고와 행위를 따르면서, 이제까지의 낡은 생각이나 행위를 떨쳐버려야 역사는 발전하게 됨을 가리킨다. 이는 창조적인 소수자와 일반 대중의 연대를 뜻하는 것이기도 하다.

그래서 이 시대에는 지배적인 소수자(dominant minority)와 더불어 내적 프롤레타리아나 외적 프롤레타리아가 나타난다. 여기서 내적 프롤레타리아는 그 사회에 살고 있으면서도 그 사회에 자기가 속한다고 생각하지 않는 소외감을 지닌 대중을 가리킨다. 예컨대, 노예, 17세기 러시아에서 형성된 주변인으로서의 지식인(Intelligentzia), 미국이나 서구의 흑인 그룹, 인도의 힌두 지식인 등이 이에 속한다. 러시아 지식인의 경우는 서구 문명을 습득한 자들이지만, 서구에서 보면 외국인에 불과하므로 동화하기가 힘들었다. 이들은 러시아 재래의 문화에 적응하기도 힘들어 제 나라에서도 환영을 받지 못했다. 요컨대 그들은 자기의 본국에서도 서구에서도 사랑을 받지 못했다. 인도에서 바브(babu)와 같은 지식인의 경우도 유사하다. 이들은 영국에서도 인도에서도 조소를 받았다. 이들은 영국과 인도 어느 사회에도 소속하지 못했다. 이처럼 과거 러시아 지식인이나 인도 지식인들은 이중적인 고민에 빠졌던 사람이다. 이들의 공통된 특징은 주변인(周邊人. marginal man)적인 성격인 주변성(性. maginality)이다. 토인비는 내적 프롤레타리아의 대표적인 하나의 유형으로서 인텔리겐치아의 성격은 다음과 같이 규정했다.

이 그룹은 신체적으로는 조상 전래의 향토에서 추방되어 있는 것은 아니나, 정신적으로는 부랑화하고 향방을 상실한 사람들이다(Toynbee, 1947, 393면).

물론, 이런 지식인들은 현대에도 있을 수 있다. 이런 지식인들은 이런 주변성에서 벗어나기 위해 집권층의 하수인이 되거나 아니면 그와는 반대되는 세력에 맹종하기도 한다. 독일의 나치(Nazi)나 이탈

리아의 파시스트(Fascist)의 하수인이 된 지식인 그룹이 그 한 예이
다. 우리나라의 경우 이완용(李完用)이나 송병준(宋秉畯) 같은 사람
들도 이에 해당한다(신일철, 1997, 280면).

한편, 외적 프롤레타리아는 외적(外敵)처럼 그 사회 밖에 있는 자
들로 문명의 해체기에 그 수가 증가된다. 그들은 그 사회를 붕괴시키
기 위해 호시탐탐(虎視耽耽) 기회를 노리는 자들이다.

13.5 세계국가, 세계종교 및 이들 역사관이 지닌 난점

슈펭글러도 토인비도 세계국가와 세계종교에 관해 서술하고 있으
나, 특히 토인비의 경우는 세계국가에 대해 매우 소극적인 견해를 나
타냈다. 그에 의하면, 세계국가는 문명의 쇠퇴기에 앞서 나타나는 것
이 아니고, 그 뒤에 나타나는 것으로 문명에 정치적인 통일을 가져온
다. 세계국가는 한 때는 창조적인 소수자였으나 이제는 그 창조력을
상실하고만 지배적 소수자로 인한 산물이다. 세계국가의 시민은 세
계국가의 불멸성을 갈망하고 있을 뿐만 아니라 그 불멸성을 열렬히
믿기까지 한다. 문명사에서 볼 때, 세계국가는 여름의 한창 때가 아
니고 가을이라는 것을 잊어버리게 하는 늦가을 화창한 날씨(indian
summer)와도 같으며, 겨울을 예고하는 시기에 해당한다.

슈펭글러와 토인비는 문명이 몰락하는 와중에도 희망을 주는 것으
로, 나아가서 새로운 문명의 발생을 위해, 세계종교의 역할이 크다는
점을 내세운다. 토인비에 의하면, 다음의 문명은 이런 세계국가가 강
보(襁褓)가 되어 새로운 문명의 씨앗을 틔워 나가게 되는데, 그것을
위해 기독교, 불교, 회교, 정교 등 세계종교의 역할이 크다. 이는 세
계종교에 대한 토인비의 기대를 나타낸 것이라 하겠다.

대체로 슈펭글러가 그 이전의 직선적인 발전사관에 대항해서 순환사관을 펼쳤다면, 토인비의 역사관은 세계종교의 역할을 강조함에 의해 단순한 슈펭글러류의 순환사관이 아니라, 순환사관에 발전사관을 가미한 그런 견해라 하겠다.

그러나 이들의 역사관에서 찾아볼 수 있는 난점은 순환사관에 관한 보다 구체적이며, 상세화된 서술이 필요하다는 점이다. 어떤 점에서 역사가 순환적인지 말이다. 아울러, 토인비의 경우, 세계국가의 출현에 대해 소극적인 견해를 펼쳤는데, 과연 미래에도 그의 견해가 계속 적용될 수 있겠느냐 하는 점이다. 정보, 통신의 발달은 세계를 점점 더 밀접하게 묶어 놓고 있으며, 그에 따라 전 세계적으로 통용되는 보편적인 문화나 문명으로 점차 이행되어 가는 추세인데 말이다. 세계종교의 역할에 관해 적극적인 견해를 펼치는 그의 주장도 문제다. 종교의 긍정적인 면만을 너무 부각시킨 면이 있기 때문이다. 이성이나 도덕성과 밀접하게 관련된 종교라면 몰라도 말이다.

제14장 한국에서의 민족주의 사학자들
(민족사관)

국사연구에 있어 애국적인 계몽사학의 전통을 이은 민족주의 사학은 1920년대에 특히 활발했다. 물론, 그 뿌리는 구한말로 거슬러 올라가지만 말이다. 특히 한국의 민족사관은 일제의 식민사관에 대항해서, 우리민족 스스로의 자발적이고 주체적인 발전을 강조하는 가운데 이루어졌다. 이를 위해 민족이나 민족사의 기원을 밝히는 데 힘쓰기도 했다. 이런 민족주의 사학은 일제로부터의 독립운동을 펼친 박은식, 신채호 등에 의해 제기되어 정인보, 안재홍, 문일평 등에로 이어지는 일련의 학풍이다. 여기서는 박은식, 신채호, 최남선, 홍이섭의 견해를 중심으로 살펴보면서, 약간 다른 측면이기는 하지만 이기백의 견해도 함께 다루기로 한다. 이들에 의해 펼쳐지는 민족사관은 일제시대에 전개된 유물사관, 실증사관과 더불어 우리나라에서 펼쳐진 역사관을 이해하는 데 큰 도움을 준다.**>14**

>14   1930년대 유물사관의 처지에서 한국사를 체계화하려는 경향이 있었던 학자들로는 백남운, 이청원, 이북만, 이여성, 김세용 등을 들 수 있다(홍이섭, 2003, 124~125면). 한편, 역사적 사실의 정확한 이해가 한국사를 옳게 이해할 수 있는 길임을 주장하면서 실증사관을 중시한 학자들은, 주로 1934년에 조직된 진단학회(震檀學會)를 중심으로 그 연구 활동을 펼쳤는데, 그 대표적인 학자들로는 이병도, 손진태, 이상백, 김상기, 고유섭 등을 들 수 있다(이기백, 2000, 390면).

14.1 박은식의 국혼론(國魂論)과 신채호·정인보의 민족자주사관

박은식(朴殷植. 1859~1926)은 조선말에서 일제시대에 활동했던 언론인이며 독립운동가이다. 황성신문, 대한매일신보, 서북학회 월보 등의 주필로 있으면서, 애국사상을 북돋웠고, 정부의 실정을 규탄했다. 3·1운동 후에 상하이(上海)로 가서 독립신문, 한족공보(韓族公報), 사민보(四民報) 등의 주필로 활약하고, 1925년에 임시정부의 국무총리를 다음해는 대통령에 피선되었다. 주요 저서로는《단조사고》(檀祖事考),《한국통사》,《동명성왕실기》(東明聖王實記),《한국독립운동지혈사》(韓國獨立運動之血史)가 있다. 그는 이런 저서들을 통해 이 가운데서도《한국통사》가 비교적 널리 알려져 있다. 더욱이 그는《한국통사》,《한국독립운동지혈사》를 통해 평등적·세계적인 안목에서 그의 근대적인 관점을 드러내 보이기도 했다.

박은식은《한국통사》에서 '국(國)은 형야(形也)요 사(史)는 신야(神也)'라고 전제하고, 형(形)으로서의 국가와 정신으로서의 국사(국혼)라는 체용론(體用論)에 근거한 이분법의 논리를 구사했다. 그는 형(形)인 국이 멸하더라도 신(神)인 사(史)는 불가멸이라 해서, '국가멸이나 사불가멸이라'는 신념으로 국사에 의해 국혼만 잘 간직하게 된다면, 앞으로 형(形)인 국가의 광복도 기대할 수 있다고 했다 (신일철, 1997, 262면).

그는 국혼을 다시 혼(魂)과 백(魄)으로 나누어 '국교·국학·국어·국문·국사' 등 민족문화의 정신면을 '국혼'이라 하고, '전곡

▶ 박은식

(錢穀)·졸승(卒乘: 걷는 군사와 말탄 군사)·성지(城池: 성과 그 주위에 파 놓은 못)·선함·기계' 등은 국백(國魄)이라 했다(262~263면).>15

이런 그의 국혼론은 그후 단재(丹齋) 신채호(申采浩. 1880~1936)에 의해 계승된다. 신채호는 구한말의 언론인으로 황성신문, 대한 매일신보의 논설위원으로 새로운 지식을 고취시키는 데 힘썼다. 1905년에는 신민회(新民會)를 조직하고, 중국, 러시아에서 활약하다가 옥사 했으며, 주요한 글이나 저서로는 《독사신론》(讀史新論), 《조선상고사》, 《조선상고문화사》, 《조선사연구초》, 《조선사론》이 있다.>16 여기서는 《독사신론》과 《조선상고사》를 중심으로 그의 견해를 살펴보기로 한다.

그(1908)는 《독사신론》의 「서론」에서 양계초(梁啓超)의 「신민설(新民說)」에서 인용한 블룬첼리(Blunchelli)>17의 국가유기체설을 적용하여, 국가를 '민족정신으로 구성된 유기체'로 정의했다. 블룬첼리(1901)는 "국가에는 영혼과 육신, 의지와 행동조직이 필수적으로 한 생명 안에 함께 묶여 있다."(19면)고 했다.>18 이런 그의 견해는 헤겔

>15 신일철은 그의 글인 "박은식의 '국혼'으로서의 국사개념"(《신채호의 역사사상연구》에 수록)과, 그의 저서(1997)인 《현대 사회철학과 한국사상》에서 박은식이 지은 《한국통사》의 자서(自序)를 인용하였다. 이 부분을 필자가 다시 인용함.
>16 신채호는 상고사(上古史)에서 잘못된 부분을 바로잡기 위해 몇 개의 논문으로 이루어진 《조선사연구초》를 썼는데, 이는 《조선상고사》의 기틀을 잡는 데 기여했다. 그가 후에 쓴 《조선상고문화사》는 《조선상고사》를 보충하기 위해 쓴 것이다. 이런 점에서 《조선상고사》는 상고사에서 지적된 잘못을 바로잡기 위한 그의 노력이 집약된 그의 대표적인 저서라 하겠다.
>17 스위스 취리히에서 출생하였으며, 독일에서 공부한 후, 1833년에 취리히대학의 교수가 되었다. 1848년에는 독일 뮌헨대학 교수, 1861년에는 하이델베르크 대학교수로 각각 재임하게 되었다. 1873년에는 스위스에 국제법연구소(Institut de Droit International)를 설립하여 그 총재가 되기도 했다. 그의 관심 분야는 국가학, 국제법, 사법 등이었으나, 이 가운데서도 국가학 분야의 국가유기체설 옹호자로 잘 알려져 있다.
>18 배용일(2002)의 저서인 《박은식과 신채호 사상의 비교연구》 가운데 82면에 있는 부분을 다시 인용함.

이 민족정신(Volksgeist)을 주체로 해서 국가의 성립을 생각한 유기체적인 국가관을 연상케 한다. 이점에서 신채호는 루소(J. J. Rousseau)의 사회계약설보다는 블룬첼리의 국가유기체설을 취하고, 그 유기체의 구심점으로 민족정신을 고려하였으며, 그 민족정신은 '주동력이 되는 특수종족' 중심의 민족사관에 의해 그 실체가 나타나고 정립되는 것으로 보았다. 이어서 그는 양계초가 주장한 공덕적인 단체결합 방식보다는 주종족(主種族) 중심의 국사관에 기초한 애국계몽으로 조국정신을 가지게 하는 국사적 국가관념을 중시했다(신일철, 1997, 260면).

이런 신채호의 국가관은 국가의 이분설, 곧 '정신상국가'와 '형식상국가'로 이어지며, 그 자신은 전자를 주(主)로, 후자를 그 외형으로 파악하면서, 1909년에 발표한 「정신상의 국가」란 논설에서는 정신상의 국가를 형식상 국가의 모(母)라고 까지 표현했다. 이처럼 그는 정신상국가 우선인 정신주의를 택했다. 그는 국가성립의 3대요소인 토지·인민·주권보다 그 상위에 민족자주적인 국가의식인 민족혼이나 '국가의 혼'을 놓고, 국사관에 기초한 '내 나라 의식'의 역사적 공속감을 국가성립의 기본으로 삼았다(262면). 그의 이런 견해는 박은식의 국혼론과 그 맥을 같이 하게 된다. 박은식의 '대한정신론'이나 신채호의 '정신상국가론'은 모두 민족정신과 같은 정신적인 면을 보다 중시한다는 점에서 일치한다.>19

그의 근대국가사상은 동아시아 문화권에서 독립된 '본국사' 위주

>19 그러나 배용일(2002)은 신채호의 국가관의 특성으로 박은식보다 국권회복 후의 국민국가상을 더 구체적으로 제시하였으며, 박은식이 그 이념을 '평등'에 둔 것에 비해, 신채호는 '평등' 뿐만 아니라, '자유'에도 그 역점을 두고 있음을, 1910년 2월 22일~3월 3일에 걸쳐 《대한매일신보》의 「20세기 신국민」란에 실린 글들에서 지적했다(84~85면).

의 국가인식을 통해, 국가아(國家我)의 발견에 주력한 점에서 큰 의
의가 있다. 마치 헤르더(Johann Gottfried von Herder)식의 민족주권
적인 민족주의의 성격을 띠게 된다(265면). 헤르더에 의하면 민족의
식이 역사에서 중요시된다. 민족은 언어, 역사, 문화에 있어 공동체
이다. 그는 민족성의 계기로서 장소, 시대, 그리고 내적인 성격을 제
시한다. 여기서 장소는 풍토이며, 시대는 역사이며, 내적인 성격은
인간성을 나타낸다. 특수한 역사환경에 의해 민족의 특수성이 형성
되며, 여기에서 민족문화가 싹튼다. 그러나 모든 민족은 동일한 인간
성을 하나의 밑바닥으로 지닌다. 이처럼 헤르더는 민족이 지닌 특성
을 발견하고 그것을 통해 인류정신을 알 수 있으며, 개체가 지닌 특
수성을 통해 보편적인 인간성이 실현될 수 있다고 주장하면서 계몽
주의에 동조했다.

　신채호에게 있어 역사전개의 주체는 국가를 단위로 하는 국가아이
며, 타국과의 열국경쟁의 마당에서 보면 자강의 주체로서의 그런 아
(我)이다. 그래서 그는 다음의 주장에서 볼 수 있듯이 역사를 아(我)
와 비아(非我)의 투쟁으로 보기도 했다(신일철, 266면).

　역사란 무엇이뇨? 인류사회의 '아'와 '비아'의 투쟁이 시간에서 발
전하며 공간에서 확대하는 심적인 확대 상태의 기록이니, 세계사라면
세계 인류의 그리되어 온 상태의 기록이며, 조선사라면 조선민족이 그
리되어 온 상태의 기록이다.[20]

이런 그의 견해 속에는 역사를 '민족정신이 그 대립물과의 투쟁과

---

[20]　《단제 신채호전집》(상) 가운데 「독사신론」 31면에 실린 글을 한글로 옮긴 것이다.

정에서 발전한 자취'로 간주하는 관념론적인 역사관이 놓여있다(도
서출판 광주편집부, 1988, 299~300면). 글자 그대로 보면, 여기서 아
란 나를, 비아란 나 이외에 모든 사람들을 가리키나, 그의 문맥으로
보면, 자강의 주체로서의 국가아와 그 이외의 다른 민족이나 국가를
각각 가리킨다. 이처럼 그의 민족주의는 약육강식의 서로 경쟁하는
국제 관계 속에서, 강자가 되려는 자강의지(自强意志)를 지닌 국가아
(國家我)와 관련되어 있다. 아울러 그 당시 국제 관계 속에서 우리 민
족이 처한 상황을 고려한 저항적 민족주의의 성격을 지닌 그런 것이
었다(266~267면).

　이런 특징들을 열거하면서 신일철은 우리민족이 추구해야 할 것으
로 신채호가 주장한 근대국가의 성격으로 첫째, 중화주의적인 동아
시아권에서 일민족 일국가의 원리에 근거한 자주적인 민족국가의 상
을 둘째, 부국강병형의 자강국가를 셋째, 자주적인 민족사관에 의해
역사적 조국관이 뚜렷한 민족적 공속감에 기초한 정신사적인 국가관
을 들었다(275면).

　한편, 그는 해외 망명시절에 저술한《조선상고사》서설 '한국사총
론'에서 구체적으로 우리 민족사의 방법론을 제시하였다.《조선상고
사》와 관련된 두 저서인《조선사연구초》,《조선상고문화사》에서는 중
국중심의 사관에 이의를 제기하고, 고구려 민족사를 문헌연구를 통
해 합리적으로 해석하면서, 반도사(半島史) 위주의 국사서술이 잘못
되었음을 지적했다. 이런 점을 홍이섭(2003)은 아래와 같이 요약·정
리했다.

　묘청의 북벌의식, 최영 장군의 요동출병에 이르기까지의 고려의 북
　벌론은 왕건의 고려 건국에서만이 아니라, 반도사적 신라사회에 반기

를 든 궁예도 논리적으로 그러하여, 후고구려의 의도가 왕건에게 그대로 계승된 것으로 보았다. 요동출병을 반대한 이성계의 '사대교린(事大交隣)' 책은 이씨조의 역사적 성격을 규정하였다. 이씨조 유가(儒家)들의 강목사관(綱目史觀)—한족(漢族) 중심주의 사관에 생포·함몰됨—을 통렬히 비판한 신채호의 민족사관에서는 역사적 문헌의 비판과 또 그것의 정신적 비판에서 부용적 사관극복을 제창하였다. 이와 함께 고구려의 을지문덕, 고려의 최영, 조선의 이순신 등을 민족적 위기를 배제한 용감하고 유능한 민족적 영웅으로 보아 3장군의 전기를 따로 남겼다(123~124면).

신채호의 역사학은 김부식의 《삼국사기》에서 드러나 있는 그런 사대주의적인 역사학을 극복하는 데 있었을 뿐만 아니라, 일본의 어용학자들의 견해에서 나타나는 식민주의사학을 철폐하는 데 그 특징이 있었다. 이런 바탕위에 우리나라의 근대 역사학의 터전을 마련하는 데 기여 했다. 물론, 그는 역사가로서 그치지 않고 자주적인 민족국가의 상을 제시하고, 부국강병형의 자강국가를 세우며, 민족적 공속감에 기초한 정신사적인 국가관을 제시하는 데 힘쓴 계몽가였다.

후에 위당(爲堂) 정인보(鄭寅普. 1892~?)[21]는 이런 단재 신채호의 사학을 좀 더 체계적으로 정신사적으로 전개하면서 민족의 '얼'

▶ 신채호

>21　정인보의 호는 위당·담원(薝園)이다. 그는 1910년 중국에서 동양학을 전공하면서, 신규식(申圭植) 등과 동제사(同濟社)를 조직하고 독립운동을 전개하는 동시에 교포 계몽에 전력했다. 1918년 귀국하여 연희전문학교, 이화여자전문학교 등에서 국학·동양학 등을 강의하는 한편, 시대일보, 동아

을 지키기를 강조하고자《조선사연구(오천 년간 조선의 얼)》를 저술
했다. 이는 신채호의 견해를 실증적으로 정리하는 그런 노력의 결과
이기도 했다. 그러나 이런 노력도 그가 한국 전쟁 당시 납북됨에 의
해 지속적으로 이루어지지 못함으로써 아쉬움을 더하고 있다.

14.2 안재홍의 신민족주의론과 문일평의 국사대중화 노력

신채호의 영향을 받은 안재홍>22은 조국의 암담한 현실 속에서 가
장 중요한 것은 민족정기를 되찾는 것이라고 생각, 국사를 깊이 연구
하였는데, 특히 30년대 후반부터 40년대 초반까지 고대사(古代史)연
구에 몰두, 일제 관학자(官學者)들의 식민사관을 극복하고자 노력하
였다.

또한 우리나라는 내적으로는 민주주의를 성취하여, 민족을 구성하
는 여러 사회계층 상호간의 대립반목을 해소하고, 외적으로는 타민
족에 대해 자주적인 입장을 견지해야 한다는 이른바 신민족주의론을

일보 등 일간신문의 논설위원이 되어 각종 논설로서 민족혼을 환기시켰다. 1948년 국학대학장에 취
임하고, 이어 초대 감찰위원장에 기용되었다. 6·25 전쟁 때 납북되었으며, 그 후 사망한 것으로 알려
졌다. 저서에《조선사연구》,《조선문학원류고》(朝鮮文學源流考),《조선사연구》등이 있다(동아출판사
백과사전부, 1988,〈24〉, 624면).
>22   안재홍(安在鴻, 1891~1965)의 호는 민세(民世)이며, 항일 독립투사이자 정치가며 사학자
다. 1914년 일본 와세다대학 정경과 졸업 후에, 1916년 상하이(上海)로 망명, 동제사(同濟社)에 가
입하여, 신채호 등과 함께 활약했다. 그 후 귀국하여 중앙고보 교감을 지내며 3.1운동 당시 만세시위
를 지도하였고, 이에 대한청년외교단을 조직하여, 임시정부와 연락을 취하다가 붙잡혀 3년간 복역했
다. 그 후 조선일보사 사장 겸 주필로 10년간 재직, 물산장려회 이사로 국산품 장려운동을 벌였다.
25년 신간회 총무로 활약하다가 투옥되어 8개월 후 풀려났고, 36년 임시정부와의 내통이 발각되어
2년간 복역, 42년 조선어학회 사건으로 다시 1년간 옥고를 치렀다. 광복 직후 여운홍과 함께 건국준
비위원회를 조직, 그 부위원장이 되었으나 곧 탈퇴, 국민당을 조직하였고, 이어 한독당 중앙위원, 남
조선 과도입법의원 등을 역임하였다. 또한 이해 민군정청 민정장관을 지냈다. 6.25 전쟁당시 납북되
었으며, 1965년에 평양에서 사망하였다(〈19〉, 627면).

내세우기도 하였다(동아출판사 백과사전부, 1988, <19>, 627면). 안재홍(1997)은 역사와 현실, 전통과 객관, 이 두 가지는 정치이념수립 상의 표리요 본말이어서 서로 뗄 수 없는 것이라고 보면서, 신민주주의의 토대 위에 존재하는 신민족주의가 가장 그 과학적인 타당성을 지닌다고 했다(261~262면). 여기서 그가 말하는 신민주주의는 "정치 경제 교화(敎化) 등 권리의 균등과, 근로 협동 등 의무, 즉 봉사의 균등을 그 조건으로 삼는 민주주의를 가리킨다"(261면). 이어서 그는 그가 지향하는 신민족주의의 특징을 다음과 정리했다.

1) 단일 민족으로 2) 조국 고토(故土)를 지키어 3) 수천 년 동안 계속 하는 대강(大强)한 국제침략에 억척스럽고 처참하도록 반항 투쟁을 거듭하여온 민족자위의 역사가 진정한 민주주의 민족자주독립국가로서 열국의 틈에 병존호영(竝存互榮)함을 객관적으로 요청한다. 이 점에서 민족의식과 민족정서와 민족자주독립국가 달성의 이념 등으로써 성립되는 조국고토에서의 민족주의 협동생활체는 하나의 역사적 생성체인 것이요 현실 객관적 요청의 주체인 것이다. 과거에서 그러했던 것 같이 현대에도 그렇고 또 장래에도 그러할 것이다. 민족의 계선(界線)이 해소되고 국경이 전적으로 철폐됨과 같은 인류역사의 신단계가 획기적으로 현전(現前)하는 상당구원(相當久遠)한 장래까지는 이 진정한 민주주의 민족자주독립국가의 건립이념은 움직일 수 없고 또 수정되어서는 아니된다(262면).

이처럼 안재홍은 신채호의 견해를 보다 이론화하는 데 힘썼다.

한편, 문일평(文一平. 1888~1939)[23]은 언론인으로서 국사연구에도 힘을 기울여 많은 논문을 집필했다. 지은 책으로는 비록 그가 세

상을 떠난 후에 다른 사람들에 의해 발간되기는 했지만, 《조선사화
(朝鮮史話)》, 《호암전집》, 《한국의 문화》 등을 남겼다(동아출판사 백
과사전부, 1988, <12>, 399면). 안재홍이 신채호의 견해를 이론화하
는 데 힘썼다면, 문일평이 기여한 바는 신채호의 견해나 국사를 대중
화시키는 데 힘썼다는 점이다.

14.3 최남선의 불함문화론에 나타난 민족문화사관

1920년대 활발했던 민족의식 고취시대에, 최남선(崔南善. 1890
~1957)은 비교언어학적인 측면에서 언어계통을 연구하는 가운데,
여러 나라의 옛글들을 연구하여 소위 불함(Pǎrkǎn)>24 문화론(不咸文
化論)을 제시하였다. 불함문화는 한자로는 '弗咸文化'라고도 표기 되

>23 문일평의 호는 호암(湖岩)이며, 평북 의주(義州)출신으로, 1910년 일본에 건너가 와세다대학
정치학부에 다니다 중퇴했다. 중국으로 가서 상하이의 대공화보사(大共和報社)에 근무하였다. 33년
에는 조선일보 편집고문이 되어 7년간 논설을 담당했다(동아출판사 백과사전부, 399면).
>24 최남선(1925)에 의하면, Pǎrkǎn(ai)은 Pǎrk(붉)을 근원으로 한(58면) 활동형(活動形)(45
면)이다. 그는 그의 글에서 Pǎrkǎn을 不咸으로 나타내고 있다(74~75면). 그런데 불함이란 개념의
유래에 관해서는 앞으로 더욱 검토할 필요가 있다. 주채혁 교수는 불함의 유래를 시베리아에서 흔히
볼 수 있는 붉은 버드나무와 관련시켜 설명한다. 버드나무를 부르칸이라 하며, 이런 부르칸으로 이루
어진 뫼를 불함으로 본다. 붉은 버드나무가 햇빛이 임재한 모태로 신앙되면서 불함문화가 형성되었
다는 것이다. 그래서 불함은 '밝음'이 아니라 '붉음'에서 유래한다는 주장이다. 소생-부활을 뜻하
는 샤먼의 상징색이 '붉음'이요 '붉은 버드나무'(紅柳)로 신앙화되어, 이것이 부르칸-불함으로 이
어졌다는 주장이다(주채혁, 2002, 3면. 〈강대신문 제922호〉). 눈이 덮인 벌판에 한없이 들어차 있
는 붉은 버드나무와 새하얀 눈의 신비한 조화로움 속에서 형성된 말이다. 한편, 남상호 교수는 不이
란 '크다'를, 咸은 咸卦를 보면 산위에 못(澤)이 있음을 각각 뜻한다고 보면서, 불함이란 '산위에 못
이 있는 큰 산'으로 풀이하기도 했다. 함자(咸字)와 관련된 어휘로서는 함지(咸池)란 말이 있다. 이
는 '해가 미역을 감는다는 천상(天上)의 못', '해가 지는 곳', '서쪽 바다', 천지(天池)를 뜻한다(이
가원·장삼식, 1976, 272면). 한편, '不咸' 대신에 '弗咸'으로 보면 그 의미를 파악하기 더욱 힘들다.
아무튼 아쉬운 것은 불함이란 글자를 不咸이나 弗咸으로 나타낸 역사적인 근거를 그가 제시하는 데
미흡했다는 점이다.

는데, 이는 백두산을 중심으로 배달겨레를 근간으로 이루어진 고대
문화다(한글학회, 1997, 1935면). 최남선(1925)은 동방문화의 올바른
유래를 구명하기 위해서는 중국본위로 문화 및 역사를 파악하는 것
을 지양하고, 조선인이든 일본인이든 자기 본래의 면목을 우선 자주
적으로 관찰해야 함을 주장했다(61면). 이어서 그는 앞으로 누군가가
불함문화에 관한 연구를 통해 불함문화의 체계와 성질을 명백하게
한다면, 동방문화 및 전 인류문화에서 이제까지 드러나지 않는 부분
이 새롭게 밝혀짐으로써, 인류문화를 구명하는데 새로운 빛을 더하
게 될 것임을 역설했다(76면).

그에 의하면 불함문화는 민족적인 흥망을 초월하여 옛부터 여러
사람들에 의해 일컬어져 왔기 때문에, 그 발자취[形跡]을 더듬음으로
써 그 분포상태 및 범위를 명백하게 하는 것이 필요하다고 했다(61
면). 그는 인류는 같은 뿌리에서 유래되었다고 보았다. 그리고 인류
문화의 하나로서 불함문화 곧, 붉[白. pärk]>25문화를 내세우면서 그것
의 원시 중심지는 카스피해·흑해 부근임을 주장했다. Pärk는 그 고형
(古形)이 Par 또는 Pur인데, 아시아, 유럽, 아메리카에서 발견되는
Par명칭을 지닌 것은 대개 창조신, 지상신(至上神), 천신(天神), 광명
신, 태양신, 화신(火神), 인문적·예언적·종교적인 신격(神格)과 관련
되어 있다(64면). 이런 Pärk과 관련된 지명이나 교단(敎團)으로는 발
해(渤海. 옛 한자표기는 渤瀣. Parkai), 발칸(Balkan), 화랑(Parkane)

>25 최남선(1925)에 의하면 Pärk는 그 고형(古形)이 Par 또는 Pur이며, Pärk에 해당하는 것으
로는 Taigär(i), Tengri를 들 수 있다(50~51면). 백(白)이란 곧 이 Pärk의 대자(對字)이다 (45
면). 그에 의하면, Pärk는 단순히 광명만을 의미하는 것이 아니라, 옛 뜻으로는 신(神), 천(天) 등이
있고, 신이나 천은 그대로 태양을 의미하는 것이었다(44~45면). 조선에서는 Pärk 을 근원으로 하
여, Pärkän으로도 되고, 단순히 Pur로도 되었다(58면). 중국의 《산해경(山海 經)》에는 불함이란
대인(大人), 백민(白民)의 이름과 같다고도 기록되어 있다(74면)

등이 있다.>26

　이런 붉(Park)산의 대표적인 산이 나중에는 조선의 백두산이 되었고, 백두산의 옛 이름〔古名〕은 불함산이라는 것이다(49면). 붉이 백(白)이나 불함등으로 나타내지게 되는 것은, 조선의 옛 어형(語形)이 이두식(吏讀式)으로 기사(記寫. 베껴 씀)되어 차차 변화를 하게 된 것으로 보았다(44면). 우리글이 없었을 때, 우리말 발음과 비슷한 한자어(漢字語)를 빌려다 쓴 일종의 차자표기(借字表記)라 하겠다. 아울러 뜻도 어느 정도는 가미한 그런 표기라 여겨진다.

　아울러 소위 동방 문화의 원시상태는 불함산을 중심으로 한 조선을 통하여 비교적 뚜렷이 조망될 수 있으며, 동양학(東洋學)의 진정한 건립은 조선이 간직한 비밀의 옛 문이 열림으로써 시작되리라고 보는 것이 그의 관점이다. 이처럼, 그는 동양문화를 주로 중국과 인도문명을 들어 논의하는 것에 이의를 제기하고 불함문화가 배제된 동양이나 세계문화는 불완전함을 주장했다. 그는 백두산을 중심으로 한 불함문화를 동북아문화권의 중심으로 파악하면서, 인도, 중국 문명 이외의 또 다른 주요 문명으로 파악했다.

　이어서 그는 붉문화의 특징으로 그가 연구한 옛 문헌을 기초로, 광

>26 Park산은 생명의 사신(司神)으로 생명체의 삶과 복을 좌우하는 그런 산이다. 그래서 금강산의 경우를 보면, 금강산은 고대에는 신앙상의 일대 대상으로서 민중의 외경(畏敬)을 받았고, 신라시대에는 화랑이란 당시의 최고 종교단체에 의하여, 국가적인 순례가 행하여지는 상태이었다. 그 이유는 사람의 생명이나 국가의 운조(運祚; 천운)도 오로지 금강산신의 의사 여하에 달렸다고 하여, 마치 희랍의 올림푸스에 있어서와 같이 신탁과 예언이 이 산에 의하여 계시되는 것으로 알았기 때문이다. 금강산이 Park으로서의 면모는 봉래(Pong-rai)나 풍악 (Pung-ak)과 같은 총명(總名)이나, 망군(望軍. Parkun), 법기(法起. Pŭpki, 백운(白雲. Parkǎn)과 같은 부분 명에 그 흔적이 남아 있다(50면). 일본의 경우는 붉(Park)산에 해당하는 산으로 구주(九州)에 있는 이름난 산인 언산(彦山)을 들 수 있는데, 彦은 일본 글자로 'ㅂㄱ'로도 쓴다. 조선어의 p음은 일본어로 전음(轉音)할 경우, ㅅ행의 음을 취한다. ㅂㄱ산이란 신(神)의 산, 신인 산이란 의미다(46면).

명(光明), 태양을 의미하는 신(神)이나 천(天) 숭배 등을 제시했다(44~45면). 그래서 예컨대 Park산들은 사람들에게 절대적인 숭경(崇敬)을 받게 되었다. Park산은 생명을 맡은 신으로 그 주변 사람들의 삶과 죽음 재난과 축복을 좌우하는 그런 것으로 여겨졌다. 다른 문명들—나일강 문명, 메소포타미아 문명, 인더스·간지스 문명, 황하 문명 등—이 강유역에서 발생한 문화·문명인 데 반해, 불함문화는 산을 숭상하는 문화·문명이다. 전자가 강유역에서 살면서 그곳에서 발생된 강문화·문명임에 대해, 후자는 산에서 시작된 산을 숭상하면서 나타난 산문화·문명이다. 이런 모습은 몽골리안들이 이룬 문명 가운데 하나인 아메리카 인디안 문명에서도 엿볼 수 있다. 그러나 아쉽게도 그 비밀의 옛 문(門)—불함문화의 기원 및 특징들—을 덜 연 상태에서 그는 세상을 떠났다.

아무튼, 1925년에 최남선에 의해 펼쳐진 불함문화론은 그의 사관을 엿볼 수 있는 일련의 논설이다. 불함문화론은 그 문화의 중심을 백두산과 한국에 둔 동북아시아 문화권론이다. 아울러 불함문화는 한국인이 단군의 자손임을 부각시킨 단군문화이며, 고대 동북아시아에서의 한국문화의 우위, 특히 일본문화에 대한 우위를 증명하기 위해 쓰여졌다(이영화, 2003, 93면). 해방 후인 1949년에 그는 반민특위에 제출한 「자열서」(自列書)에서 다른 죄목은 수용하겠으나, 불함문화론이 내선일체(內鮮一體)를 주장했다는 비판은 받아들일 수 없다고 했다(95면). 불함문화론은 "실로 단군문화로서 일본은 물론이요, 전 인류문화의 일반(一半)을 포섭하고자 한 당돌한 제안에 불외(不外)하는 것이었다"라고 그는 항변했던 것이다(95면; 최남선, 《전집》 10, 532면).

14.4 홍이섭의 민족자주사관과 이기백의 한국사 신론

홍이섭(洪以燮)과 이기백(李基白)이 활동하던 시기는 주로 해방이후의 시기로, 둘 다 대학교수로서 자유로이 학문 활동을 할 수 있었던 그런 시기였다. 이 가운데 홍이섭은 학술지를 통해서라기보다는 이곳저곳에 기고한 논설문류의 글들에서 민족사관을 옹호하는 글들을 발표해 왔고, 이기백은 그의 저서에서 볼 수 있듯이 가능한 객관성을 유지하는데 힘을 쏟으면서, 실증성에 근거한 역사서술에 힘을 쓴 면이 엿보인다. 서술의 편의상 민족사관에 관한 홍이섭의 견해를 살펴보고, 이어서 이기백의 견해도 살펴보고자 한다.

홍이섭(2003)은 「민족자주사관의 확립―한국사의 새 관점―」이라는 그의 글을 통해, 한국민족이 생존한 내력을 제대로 보기 위해서는 한국사를 반도에만 집착시켜서는 안 된다는 것과, 우리 민족이 살아온 전 과정을 이해하기 위해서는 중국중심주의 정신에서 떠나 한국민족 중심으로 밝혀야 함을 내세웠다. 이어서 조선총독부에 의해 저질러진 망국사로서의 한국민족의 역사도 바로 세워야 한다고 보았다. 일본은 한국과 만주의 관계를 단절시키고, 한국사를 반도사로 한정하면서 그것도 북부는 한족사회(漢族社會)의 식민지요, 남부는 고대 일본의 식민지였음과, 민족성도 부정적인 측면을 들춰내는 연구에 급급했다는 것이다. 그래서 그는 민족사관의 과제로서 다음과 같은 점들을 지적했다.

우리들이 한국사를 민족적으로 새로이 보아야겠다는 것은 우리들이 살고 있는 현대 한국을 보다 민족적으로 자립시켜야 하는데서 요청되는 문제이다. 민족사관은 일제의 식민지 정책에서 조작된 것을 시급히 바로 잡아야 할 것과, 어딘지 짜여지지 못한 한국사에 있어서 이제까지 뚜렷하지 않았던 민족의식의 재발견, 엉키지 못했던 한국사의 주조(主潮)를 바로잡아 세울 것, 빛나는 문화적 유산을 남긴 주인공으로서의 좋은 민족성의 앙양을 과제로 삼아야 한다(8~9면).

아울러 그는 유형원(柳馨遠), 이익(李瀷), 정약용(丁若鏞)과 같은 실학자들에게서 찾아볼 수 있듯이, 우리 역사를 우리의 현실에서 보는 자세가 필요함을 내세웠다(6면). 이들은 우리나라 역사의 정통이 단군, 기자(箕子), 삼한(三韓)으로 이어진다고 했다. 아울러, 그는 일제치하에서도 한국사를 민족사로 정립하기 위해 애쓴 박은식, 신채호의 민족사관을 높이 평가했다. 아울러 민족자주사관을 욕구하는 근본정신은 민족적인 분열과 후진적인 조건을 탈피하여, 민족전체의 단결을 통해 민족의 활로를 뚫고, 한국사회의 발전을 위해서라고 했다(10~11면).

이어서 그는 한국의 역사를 한반도에 국한시키려는 반도사관(半島史觀)이나, 한국의 고대사를 외족침략에 의한 식민지사(植民地史)로 보려는 것이나, 근대사를 사화(士禍), 당쟁(黨爭), 임진왜란(壬辰倭亂), 병자호란(丙子胡亂)으로만 주로 서술하려는 태도를 한국사 인식의 식민지적인 사관으로 여겼다(40면).

한편, 이기백(2000)은 그의 저서인 《한국사신론》의 서장—한국사의 새로운 이해—에서, 한국사의 올바른 이해를 위한 우선적인 과업으로, 식민주의 사관>27의 청산을 들었다. 식민주의 사관은 일제가 한

>27　식민사관의 기초를 제공하는 한국사연구는 9세기 말부터 일본의 어용학자들에 의해 시작되었는데, 그 대표적인 예로는 신공왕후의 신라 정복설, 임나일본부설(任那日本府說), 만선사이론(滿鮮史理論) 등이 있다. 이 가운데 임나일본부설은 일본이 4세기 중엽부터 6세기 중엽까지 한국의 가야

국에 대한 식민정책을 정당화하기 위한 왜곡된 사관이었기 때문이
다. 한국사의 객관적인 진리를 존중하기보다는 정치적인 목적을 위
하여 진실을 외면하였다는 것이다(3면). 이어서 그는 한글판 머리말
에서 그 책을 저술하면서 크게 두 가지를 강조하였으니, 하나는 역사
적 사실을 정확하게 전달하는 것이었고, 다른 하나는 구체적 사실들
의 시대적·사회적인 연결관계를 찾아서 이를 체계화시키는 일이라
했다(iii면).

그는 현대에 이르러 한국사학의 학파를 크게 민족주의 사학, 유물
사관, 실증사학으로 나누어, 그 문제점도 아래와 같이 지적했다.

민족주의 사학은 민족정신을 강조한 나머지 지나치게 추상적이고 관
념적일 뿐 아니라 심지어는 국수주의적인 경향으로 흐르게 되어, 결과
적으로 한국사의 실제를 외면하는 결과를 나타내었다. 유물사관은 서
양사를 기준으로 하고 얻어진 특수한 역사이론을 절대적인 것으로 믿
고, 이를 일방적으로 한국사에 적용하는 것이 곧 한국사의 과학적 연
구라고 생각하여, 실제와는 다른 틀에 박힌 한국사를 만들었다. 또 실
증사학은 개별적인 사실의 천착에 골몰하여 한국사의 전체적인 흐름
을 체계적으로 인식하는데 소홀함으로써, 학문이기보다는 취미로 전
락하는 경향을 지녔다(6면).

그는 이런 학파들 가운데 어느 하나만으로는 현대한국사학의 바람

지역을 통치하였다는 학설로서, 근거가 빈약한 주장이다. 만선사이론은 만선사관이라고도 하며, 만
주사를 중국사에서 분리시켜 중국이 만주에 대해 영토상의 주권을 행사하지 못하도록 그 근거를 제
시하는데 힘썼다. 이런 주장들은 그 후 한일합방의 정당성을 찾기 위한 사관인 일선동조론(日鮮同祖
論), 정체성론, 타율성론, 한국경제의 낙후성론 등으로 요약되는 식민사관으로 이어지게 되었다.

직한 모습을 제시할 수 없었다고 보면서, 이들 여러 학파의 전통을 비판적으로 계승하여, 보다 높은 차원의 한국사학으로 발전시켜야 한다고 했다. 이어서 그는 "민족적인 입장에서 실증을 통하여 얻어진 정치·경제·사회·외교·문화의 여러 사실을 독자적으로 체계화하려는 노력이 필요하다고 했다"(6면).

14.5 문제점 및 시사점

이런 민족사관이 지닌 문제점으로서는 우선, 박은식, 신채호의 글들에서 볼 수 있듯이 실증성을 들 수 있다. 당시, 그들에게는 우리민족이 처한 암울한 상태에서 민족의식을 불러일으키려는 생각이 무엇보다도 앞서 있었을 것이다. 그래서 그들의 글속에는 사실적인 것과 더불어 당위론적인 측면이 들어 있다. 그들의 글은 웅변조의 글로서, 읽는 이들로 하여금 이지적인 측면이나 실증적인 측면에서 이해를 구하기도 하지만 민족감정에 호소하는 측면도 엿보인다. 아쉬운 부분은 이런 측면이 좀 지나치면 국수주의적인 경향으로 이어질 수 있다는 점이다.

아울러, 박은식의 '형(形)으로서의 국가'와 '정신으로서의 국사(국혼)'라는 체용론(體用論)적인 이분법 구사나, 신채호의 국가의 이분설, 곧 '정신상국가'와 '형식상국가'는, 당시의 시대상황을 고려할 때, 선각자들이 취해야 할 어쩔 수 없는 당위론적인 주장처럼 여겨진다. 이분법적인 사고활동을 펼치면서 정신적인 측면을 더 부각시키는 접근방법은 그 당시로서는 당연하면서도 현실적인 방법이라 하겠다. 그러나 이런 접근방법은 이분법이 지니는 일반적인 문제점과 더불어, 이분법을 지향한다고 하더라도 다른 식의 이분법—두 측면을 함께 중요시하는 경우, '형으로서의 국가'나 형식상국가를 더 강조하는 경우—도 가능하다는 점을 고려할 때 그 글 자체가 안고 있는 문제점도 있다.

다음, 최남선의 불함문화론은 일종의 문화사관이라 할 수 있으나, 우리민족을 강조한 부분이 두드러져, 편의상 민족문화사관이란 이름 하에 이 글에서 다루었다. 학자들 가운데는 특히 문화라는 측면에서 우리의 역사를 탐구하는 경우도 있어, 필자의 경우 문화사관이나 민족문화사관이라 하여 별도의 항목으로 다른 곳에서 다루고도 싶었지만, 여기서는 민족사관의 범주 속에 넣어 정리하였다. 최남선의 글에서 찾아볼 수 있는 문제점으로는 우선, 불함이란 개념자체에 대한 출처가 분명치 않은 데서 부터 비롯된다. 단지 백두산의 고명(古名)이라고만 되어 있을 뿐 그것에 관한 고증이 미흡한데서 오는 아쉬움이 있다. 불함문화론을 논증하기 위해 세계 곳곳의 지명을 열거하는 데도 비약적인 측면이 엿보이며, 그 실증성에서 아쉬운 점이 있다. 더욱이 불함문화론에 관한 그의 글은 1편에 불과하며, 후속적인 연구가 없다. 다른 사람에 의한 후속적인 연구를 기대하면서, 그는 그의 글을 부분적으로 단지 재인용하고 있을 뿐이다.

그럼에도 불구하고, 다른 문화들이 주로 강 유역 중심의 문화였는데 반하여, 불함문화론은 산 중심의 문화라는 점은 특이하며 시사적이다. 아울러 동양문화를 중국과 인도 중심의 강문화로 고착시키려는 당시 학자들의 주된 견해들에 대해, 백두산 중심의 산문화가 또 있었음을 내세운 것도 특이한 일이다. 산문화는 강문화에 비해 신비성을 더해 준다. 아무튼 그의 견해는 세계사의 흐름 속에 아직 발견하지 못한 새로운 문화가 있었음을 제시하는 동시에 우리민족의 자긍심을 불러일으키기도 한다.

한편, 신채호의 영향을 받은 정인보는 단재의 사학을 더 체계적·정신사적으로 전개하면서 민족의 '얼'을 지키려 했고, 안재홍은 조국의 암담한 현실 속에서 가장 중요한 것은 민족정기를 되찾는 것이라고 생각하면서, 고대사(古代史)연구에 몰두, 일제 관학자(官學者)들의 식민사관을 극복하고자 노력하였다. 또한 우리나라는 내적으로는 민주주의를 성취하여, 민족을 구성하는 여러 사회계층 상호간의 대립반목을 해소하고, 외적으로는 타민족에 대해 자주적인 입장을 견지해야 한다는 이른바 신민주주의의 토대위에 신민족주의론을 내 세우기도 하였다. 한편, 문일평은 언론인으로서 국사연구에도 힘을 기울여 많은 논문을 집필했다. 이런 점에서 정인보나 안재홍이 신채호의 견해를 보다 이론화하는 데 힘썼다면, 문일평이 기여한 바는 신채호의 견해나 국사를 대중화하는 데 힘썼다는 점에서 각각 그 특징이 있다.

홍이섭의 경우는 그가 활동하던 시기가 주로 해방 후였으며, 비교적 안정적인 생활을 하면서 학문 활동도 했다. 이런 점에서 그는 앞의 사람들이 겪었던 암울한 시대상황과는 그 생활환경이 다르다. 그러나 그는 민족사관에 호의를 지니면서도 체계적인 서술은 하지 못했다. 학술지가 아닌 신문, 잡지, 교재에 단편적으로만 민족사관에 관한 그의 견해를 피력하였을 뿐이다. 이런 점에서 그의 민족사관은 박은식이나 신채호의 경우보다도 그 내용에 있어 체계적이지 못하다. 한편, 이기백은 실증성을 강조하면서 민족사관에 우호적인 견해를 펼쳤다.

이처럼 박은식, 신채호, 정인보, 안재홍, 문일평, 홍이섭 등으로 이어지는 민족사관은 그 전반적인 견해는 이해가 가나, 실증성을 결여하였다는데 그 아쉬움이 있다. 그러나 사실을 중시하는 실증주의 역사관, 계급과 이념을 중시하는 유물사관과 더불어, 20세기에 우리나라에서 있었던 역사관에서 한 사조를 형성하는데 기여했다. 아울러, 민족의 자긍심을 불러일으키면서 민족이 주체가 된 국가형성을 지향하려 했다는 점에서 그 의의가 있다. 우리민족은 분단의 아픔을 지니면서 살아오고 있다. 이는 우리의 아픔이면서 비극이다. 또한 우리민족의 수치와 무능력을 알려주는 부끄러운 일이다. 우리민족의 당면한 과제이며, 세계인들의 숙제로 남아있는 남북통일을 앞 당기기기 위해, 민족주의 사학자들이 내세우는 민족사관은 이런 점에서 그 시사하는 바가 매우 크다.

후기
민족사관, 통일사관(통일을 향한 사학) 및 통일문제

　본 저서에서 알 수 있듯이, 필자는 우선 역사란 무엇이며, 역사서술이 지니는 특징이 무엇인지를 파악하는 데 힘썼다. 이어서 각 시대나 인물들에서 찾아볼 수 있는 역사관들을 정리하여 나갔다. 필자는 이 저서에서 우리나라나 중국의 역사에서 찾아볼 수 있는 역사관들도 찾아내어 부분적이나마 다뤘다. 특히 필자는 우리나라에서 있었던 역사관들에 관해 서술하고 싶었다. 이를 위해 노력은 했지만 현재로서는 민족사관만 다루게 되었다. 민족사관 이외에 다른 사관들도 엄연히 우리나라에 있었음은 물론이다. 그러나 필자의 경우, 다른 사관들에 관한 자료들을 아직 정리하지 못했기 때문이기도 하고, 통일에 대한 필자의 남다른 염원이 다른 사관들보다도 민족사관에 더욱 애착을 지니면서 접하게 되었기 때문에 우선적으로 다루게 되었다. 아무튼, 우리도 이제껏 세계사의 일원으로 엄연히 살아왔으므로, 역사란 무엇이며, 역사의 흐름 속에서 어떤 역사관이 각각의 상황에서 필요하였는지는 우리의 삶 속에서도 불가피하였다고 하겠다. 이에 관한 체계적인 연구나 정리가 아직은 미흡하다 할지라도 말이다. 아울러 현재나 미래에 요구되는 역사관에 관해서도 생각하면서 살아가야 할 때이기도 하다.

역사관과 통일문제

필자는 이 책을 마무리하면서 아쉬운 점들이 몇 가지 있다. '한국에서의 역사관'을 좀 더 구체적으로 다루고자 했는데 그렇게 하지 못했다는 점이다. 민족사관 계열의 민족주의 사학뿐만 아니라, 실증사관 계열의 문헌고증사학과, 유물사관 계열의 사회경제사학도 다루고 싶었다. 우리나라의 실증주의 사관은 그 연원으로 보면 조선시대후기의 실학에서 유래한다고 할 수 있다. 실학사상가로서 그 대표적인 사람으로는 정약용을 들 수 있다. 실증주의는 그 말에서도 알 수 있듯이 있는 그대로의 역사를 중시한다. 그래서 유적이나 유물 등 물적인 증거를 매우 중요시한다. 20세기에 이르러 실증사관을 중시하는 학자들은 1934년에 조직된 진단학회(震檀學會)를 중심으로 주로 그 연구활동을 펼쳤는데, 그 대표적인 학자로는 이병도, 손진태, 이상백, 김상기, 고유섭 등이다(이기백, 2000, 390면).

한국의 유물사관은 사회경제사학이 이를 가장 잘 대변해 준다. 이들은 민족주의 역사학을 영웅주의적 역사관으로 간주하는 한편, 이런 역사학을 인류사회의 보편적인 발전법칙을 탐색하지 않는 하나의 특수사관에 불과한 것으로 파악했다. 실증사관에 대해서도 그 역사의식이 결여되어 있다고 보았다. 그러면서도 이들은 역사인식에 있어 민족사관에 어느 정도는 기울어져 있었다. 이들은 유물사관적인 방법을 통한 민족의식의 고취에 힘썼다. 그들은 민족경제의 파멸과정을 구체적인 실증을 통해 제시하면서 반식민지-반제국주의적인 의식을 함양했다. 1930년대에 있어 유물사관의 입장에서 한국사를 체계화하려는 경향이 있었던 학자들로는 백남운, 이청원, 이북만, 이여성, 김세용 등을 들 수 있다(홍이섭, 2003, 124~125면). 이런 관점은 다른 사관이 그렇듯이 소극적인 측면도 지니고 있음은 물론이다.

아무튼 실증사관 계열의 문헌고증사학과, 유물사관 계열의 사회경제사학에 관한 서술은 필자에게 남겨진 앞으로의 과제다. 물론, 그동안 있었던 역사를 보는 관점들이 우리나라의 경우, 이러한 3가지만의 사관으로 정리될 수 있는 것도 아니고, 3가지 사학들이 서로 명확하게 나뉘어지는 것도 아니다. 관련된 학자들이 사용하는 표현과 정리에 유념하면서, 필자 또한 이와 같은 분류에 현재로서는 어느 정도 부분적으로 동감하면서, 언젠가는 정리하려 한다.

이런 사관들 가운데, 특히 민족사관의 경우는 우리나라가 현재 처해 있는 실정으로 보아 당분간은 요청되는 그런 측면이 있다. 우리 민족은 구한말의 잘못된 쇄국정책으로 인한 '어둠의 시대'와, 일제로부터의 '억압의 시대'를 거쳐, 광복 후에는 강대국들의 이해관계와 섣부르고 어설픈 국내의 이념대립의 산물로 '분단의 시대' 속에서 살아오고 있다. 분단과 전쟁의 아픔 속에서 살아온 지 어언 60년이 넘었다. 이는 대내적으로는 민족의 비극이며, 대외적으로는 쑥스런 일이다. 더욱 씁쓸한 것은 분단을 기정사실화하고 주어진 체제 속에서 편안함을 추구하는 사람들의 숫자가 해를 거듭할수록 늘어가는 추세라는 점이다. 이에 필자는 주의를 환기시킬 필요가 있다고 여겨져, 통일의 당위성과 앞으로 있어야 할 '통일의 시대'를 앞당기기 위해 현실적으로 가능한 통일지향적인 대안들을 민족사관 및 통일문제와 관련시키면서 이처럼 이 책의 말미에 제시하려 한다. 아울러, 통일을 향한 사학, 통일사관이 움텄으면 하는 것은 분단과 전쟁의 아픔을 누구보다도 많이 겪어온 필자의 소박한 바람이기도 하다.

한국사에서의 분단과 통일

우리나라의 역사를 보면 시대에 따라 나누어짐과 합해짐이 이어져 왔다. 예컨대, 상고 때 한반도의 남쪽에는 마한, 진한, 변한(나중에 이 지역은 김수로 왕의 여섯 형제들이 여섯 개의 가야국을 세우게 됨)과 같은 삼한(三韓)이, 강원도 동부에는 예국(濊國), 중부에는 맥국(貊國) 등이 있었다. 함경도 지역에는 옥저(沃沮)가, 백두산 북쪽 목단강 유역에서 연해주에 걸쳐서는 읍루(挹婁)가, 중부 만주에는 부여(夫餘)가, 평안도 지역에는 고조선(古朝鮮)이 각각 있었다. 이런 여러 나라가 고구려, 백제, 신라라는 삼국으로 통일되고 대립하다가, 다시 신라에 의해 하나의 나라로 통일되었다.

신라는 다시 태봉, 후백제, 신라로 이루어진 후삼국으로 분할되었다가 고려에 의해 통일을 맞이하게 되었다. 그 후 고려왕조는 조선왕조에 의해 이어지고, 조선은 그 말기에 일본에 의해 국권을 상실하게 되었다. 우리나라는 1945년 광복과 더불어 남과 북으로 갈라지는 비운을 겪게 되었다. 이런 과정에 그 동안 한차례의 큰 전쟁과 그로 인한 아픔으로 서로 반목을 거듭해 왔다. 그러나 민족의 유구한 역사 속에서 나누어짐과 합해짐의 반복과정으로 보면, 다음에는 다시 통일을 하게 될 가능성이 높다고 필자는 생각하며, 이를 앞당기기 위해 통일사관의 주춧돌을 놓고 싶다.

현재 우리나라는 세계에서 드물 정도로 같은 민족으로 이루어져 있으며, 같은 언어를 사용하고 있다. 민족이란 공통의 인종적인 기반 위에 성립하는 경우가 많다. 특히 우리나라의 경우는 민족과 국민이 거의 일치하는 독특한 모습을 지닌다. 민족으로서의 단위를 형성하는데 언어의 공통성은 매우 중요한 요소이다. 우리가 사용하는 음성언어는 우리 민족과 더불어 그 독창성을 유지하여 왔다. 우리가 사용하는 문자언어인 한글은 세종대왕이 1446년 9월에 공포한 국자(國字)인 훈민정음(訓民正音)의 현대적인 명칭이다. 훈민정음이란 '백성을 가르치는 바른 소리'란 뜻이다. 한글이란 이름은 주시경(周時經)에서 비롯되었다. 이 한글이란 명칭이 일반화되기는 한글학회의 전신인 조선어학회가 주동이 되어, 훈민정음 반포 8주갑(週甲)이 되는 해인 1926년 음력 9월 29일을 반포기념일로 정하여 '가갸날'로 이름 지은 뒤, 1928년에는 가갸날을 한글날로 고쳐 부르게 되면서부터이다. '한 글'이란 말 자체의 뜻은 '한(韓)나라의 글', '큰 글', '세상에서 첫째 가는 글'이란 뜻이다.

순환사관으로 본 통일

현재 남쪽과 북쪽으로 분단된 우리나라의 미래는 더욱 분할되거나 그렇지 않으면 다시 통일되게 될 것이다. 그러나 민족의 정서로 보나 국내외 정세로 보아 더욱 분할되는 일은 없을 것이다. 그렇다면 그 주기로 보아 다시 통일을 이루게 되어있다. 현재 우리나라는 60여 년 간이나 분단된 상태로 있어왔다. 이념이나 체제는 다르더라도 통일 에 대한 염원은 줄곧 있어 왔으며, 국제 정세도 분단된 나라들이 통 일되는 그 추세였다. 독일, 베트남, 예멘 등 그 동안 분단된 국가들이 통일된 것이 이를 증명한다. 이는 20세기 후반의 국제사회에서 볼 수 있는 일반적인 추세다.

민족정신과 민족사관으로 본 통일

세계의 여러 나라를 보면, 한 민족이 여러 나라를 구성하는 경우도 있고, 여러 민족이 한 나라를 구성하는 경우도 있다. 물론, 현재 우리 나라의 상태는 전자에 해당된다. 그러나 이는 우리나라 사람들이 원 하는 바가 아니다. 신채호가 지적하였듯이, 대부분의 우리나라 사람 들은 일민족 일국가의 원리에 근거한 자주적인 민족국가성립을 간절

히 바라고 있기 때문이다. 남한과 북한의 서로 다른 이데올로기를 포
용하거나 뛰어넘기 위해서라도, 어느 한 곳에 치우치지 않는 개방적
인 민족주의나 민족국가가 요구된다.

세계사에서 국가의 역할

헤겔에 의하면 세계이성이 실현되는 마당은 개관정신으로서의 국
가(der Staat)이다. 세계사에서 중요시되는 것은 국가를 형성한 민족
(volk)이다. 국가를 형성하지 못한 민족은 세계사외적(世界史外的)인
민족이다. 철학자는 세계사적인 역사를 다룬다. 헤겔은 주관정신과
절대정신의 중간단계로서 민족정신(Volksgeist)을 설정하였다. 민족
정신은 절대정신이라는 단계에서 보면 그 이전 단계에 불과하다. 소
위 '민족의 얼'이 그가 말하는 민족정신에 해당된다. 민족정신을 통
해 근대국가성립을 옹호하였으니, 이것이 민족주의, 국가주의(natio-
nalism)에 관한 그의 철학적인 표현이라 하겠다.

물리·화학의 단위로 원자를, 생물의 단위로 세포를, 사회의 단위
로 가족을 각각 간주한다면, 세계사의 단위는 무엇일까? 여기에 필자
는 국가를 제시하고 싶다.

통일을 향한 구체적인 방안

두 개의 국가를 형성한 경우에 속하지만, 아직도 대부분의 사람들
은 그것을 인정하기를 꺼려한다. 국민들 대다수의 마음속에는 한 민
족 한 국가인 통일을 줄기차게 바라고 있다. 그런 통일을 이상으로 삼
고 있다는 점이다. 지금의 상태는 잠시 분단된 상태로 간주하고 있을
뿐이다. 그렇다면 평화로운 가운데 통일을 앞당기기 위해서는 어떤
일들을 해야 할 것인가? 그 방안으로 실질적인 통일의 전 단계로 국

호, 수도, 국기, 국가, 국화 등에 관해 합의를 이끌어낸 후, 정체에 관해 합의를 이끌어내는 방법도 생각해 볼 수 있다. 이를 위해 도움이 되는 관련된 자료들을 소개해 보기로 한다.

국호(나라 이름)의 경우: (예) 한국, 조선, 고려공화국 등.
외국어표현: 'Republic of Korea' 또는 'Republic of Corea'

현재 남북한 모두를 가리키는 외국어표현으로는 영어인 'Korea'와 서반어인 'Corea'가 있다. 영어 표현인 'Korea'도 과거에는 'Corea'로 표기되기도 했다. 고려나 고구려는 그 어원적인 분석을 가하면 khori에서 유래하며, 이는 유라시아 북방원주민어로 순록(馴鹿. orun bog-chaa bog)을 가리킨다. 한편, 조선에서 선(鮮)은 순록의 꼴, 다시 말해 순록이 뜯어먹는 이끼류의 풀인 선(蘚)을 가리키며, 선(鮮)은 그런 이끼가 나는 작은 동산이다. 조선의 조(朝)는 '아침 조'(zhao: 漢語 1성)자가 아니고, '찾을 조'(chao)자로 한어에서 2성으로 읽으며, '……을 향한다'는 뜻이다. 그러므로 조선이라는 개념이 지니는 원래의 뜻은 '아침의 나라'가 아니라, '선(蘚)을 찾아 선(鮮)을 따라 나도는 순록유목민에 역사태반을 둔 겨레 이름이다' (주채혁, 2004, 1면).

국기의 경우: (예) 태극기

우리 나라에서 국기 제정의 논의가 처음으로 거론된 것은 1876년 (고종 13) 1월이었다. 운양호 사건[雲揚號 事件]을 계기로 한·일 간에 강화도조약 체결이 논의되는 동안 일본측은 "운요호에는 엄연히 일본의 국기가 게양되어 있는데 왜 포격을 가했느냐?"고 트집을 잡았다. 그러나 당시 우리 조정에서는 국기가 무슨 의미와 내용을 지니는

지 조차 몰라서 어리둥절하기만 했다. 이것이 계기가 되어 조정에서
는 국기 제정의 필요성이 거론되기 시작했으며, 1882년 8월 9일 특명
전권대사 겸 수신사인 박영효 등 일행이 인천에서 일본 배를 타고 도
일(渡日)할 때, 당장 게양하여야 할 국기가 있어야 하겠다고 생각한
나머지, 도일하기 전에 이미 조정에서 구상되고 논의되어 어느 정도
찬성을 본 국기의 도안 내용을 다소 수정한, 태극사괘(太極四卦)의 도
안에 그려진 기를 국기로 게양할 것에 의견을 모아 박영효가 타고 간
일본 선박 메이지마루[明治丸]에서 이것을 만들었다. 이 때 메이지마
루에는 후일 개회당의 주역이었던 서광범, 김옥균 등도 함께 타고 있
었다. 이들 일행은 8월 14일 고오베[神戶]에 도착, 니시무라야[西村
屋]에 숙소를 정하고, 이 건물 옥상에 배 안에서 만든 태극사괘가 그
려진 기를 게양했으니, 이것이 태극기의 효시이다.

태극은 우주 자연의 궁극적인 생성원리를 상징하고 있는바, 적색
은 존귀와 양(陽)을 의미하고, 청색은 희망과 음(陰)을 나타낸다고 한
다. 사괘는 천지일월(天地日月)·사시사방(四時四方)을 의미하는 창조
적인 우주관을 담고 있다. 사괘가 나타내는 의미내용을 보면 다음과
같다. 태극기 전체로는 평화, 단일, 창조, 광명, 무궁을 상징한다.

 : 건(乾)·천(天)·춘(春)·동(東)·인(仁)
 : 곤(坤)·지(地)·하(夏)·서(西)·의(義)
 : 이(離)·일(日)·추(秋)·남(南)·예(禮)
 : 감(坎)·월(月)·동(冬)·북(北)·지(智)

이와 같이 만들어진 태극기는 그 후 널리 보급되었으나 도형의 통
일성이 없어서 사괘와 태극양의(太極兩儀)의 위치를 혼동하여 사용해

오다가 1948년 정부수립을 계기로 비로소 국기의 도안과 규격이 통일
되었고, 문교부 고시 제2호(1949.10.15) 및 문교부 개정고시 제3호
(1950.1.25)에 의거 국기제작법이 공고 시행되었으며, 또 대통령 고시
제2호(1966.4.25)에 의거하여, 국기게양의 방법이 공포·시행되고 있
다(동아 원색세계대백과사전 4, 1988, 476면).

국가: (예) 애국가

애국가(愛國歌)는 우리나라의 국가로 작사자는 미상이며 안익태가
작곡했다. 16소절의 간결하고 장중한 곡이다. 일제시대는 윤치호가
작사했다는 일설이 있었으나 분명치 않으며, 당시는 영국 스코틀랜
드(Scotland) 민요인 올드 랭 사인(auld lang syne)의 곡에 따라 불렀
다. 특히 8·15광복을 맞아 전국 방방곡곡에서 애창되었고 자유와 독
립, 조국 광복의 감격을 고취시킨 애국의 노래였다. 그러나 현재의
애국가는 안익태가 1930년대 후반, 빈(Vienna)에서 유학 중 작곡한
것을 1948년 8월 15일 대한민국 정부수립과 동시에 국가로 사용하였
다(동아 원색세계대백과사전 20, 1988, 139면).

수도(서울): (예) 서울, 개성, 평양등

현재 우리나라 국토의 중앙은 강원도 양구군이다. 그러나 국사나
세계사를 통해, 국토의 정중앙에 수도가 정해진 예는 아쉽게도 드물
다. 시대에 따라 국토가 변할 수 있기 때문이기도 하고, 지형적인 영
향 때문이기도 하다. 우리나라의 경우를 보면, 과거 수도로서 정해졌
던 곳으로는 지안(輯安), 평양, 개성, 서울, 부여, 경주 등이 있었다.
현재의 경우는 우리나라의 위치나 지리적인 여건으로 보면, 이 가운
데서도 서울, 개성, 평양 등이 수도로서 적합하다.

그러나 서울이 아름답기는 하지만 난개발 때문에 환경파괴와 더불어 인구집중이 너무 심하다는 것이 흠이라면, 개성은 주변에 큰 강이나 기반시설이 아직 미흡하다는 것이 아쉽고, 평양은 현 우리나라의 국토로 보아 약간 북쪽에 위치해 있다는 것이 옥에 티다. 우리정부가 한동안 수도를 충청지역으로 옮기려 했던 것은 통일된 우리나라의 미래를 생각할 때는 사려 깊지 못한 판단이었다. 그곳으로 행정수도를 정한 일도 정도의 차이는 있을지라도 긴 안목에서 보면 문제성 있는 결정이었다. 오히려 서울 북쪽으로 정했어야 했다. 서울도 우리나라에서는 약간 남쪽에 위치하기에 더욱 그렇다.

수도를 정하는 일은 남북한 국민들의 합의하에 결정되어야 한다. 수도는 그 나라를 대표할 뿐만 아니라 수도위치에 따른 파급효과도 매우 크기 때문이다. 어느 한 정권에 의해 추진될 그런 성질의 것이 아니다. 통일된 국토에서 차지하는 수도의 지형적인 위치나, 국토의 균형적인 발전을 위해 지금의 서울이 아닌 북쪽에 새로운 서울로서의 수도가 위치해야 할 것으로 믿는다.

국화: (예) 무궁화

무궁화(無窮花. Hibiscus syriacus)는 아욱과(科)의 내한성(耐寒性) 낙엽관목이다. 동부 아시아 원산으로 꽃이 아름답고 꽃이 피는 시기는 7~10월로 매우 길어 정원수나 나무 울타리로 널리 이용된다. 나무껍질의 섬유는 제지원료(製紙原料)로, 꽃봉오리·나무껍질·뿌리는 위장병 치료제로 사용되어 왔다. 나무 높이는 2~4m이고 때로는 거의 교목(喬木: 큰키나무)이 되는 것도 있다. 나무 전체에 털이 없고 많은 가지를 치며 회색을 띤다. 잎은 늦게 돋아나고 어긋나며 자루가 짧고 마름모꼴의 난형(卵形)으로 얕게 셋으로 갈라지고 가장자리에는 불규칙한 톱니가 있다. 꽃은 반드시 새로 자란 잎겨드랑이에서 하나씩 돋아나며 대체로 종(種)모양이고 자루는 짧다. 꽃지름은 7.5cm 가량이고 보통은 홍자색 계통이나 흰 꽃도 있으며 꽃의 기부(基部)에는 진한 색의 반문이 있는 경우가 많다. 그리고 이 반문에서 진한 빛깔의 맥이 밖을 향하여 방사하듯 뻗친다(동아 원색세계대백과사전 12, 1988, 259면).

동양에서 무궁화에 관한 가장 오랜 기록은 동진(東晋)의 문인 곽복(郭璞 276~324)이 쓴 지리서(地理書)인 《산해경》(山海經)에 "군자의 나라에 무궁화가 많은데 아침에 피고 저녁에 지더라.(君子之國有薰華草 朝生暮死)"라는 기록이 있다. 또 중국의 고전인 《고금기》(古今記)에는 "군자의 나라에는 지방이 천리인데 무궁화가 많이 피었더라." (君子之國地方千里 多木槿花)라는 기록도 있다. 이것으로 미루어 보아 1,400여 년 전인 4세기 중엽에 우리 나라에는 가는 곳마다 무궁화가 만발하였던 것을 알 수 있다.

이런 무궁화가 가장 큰 수난을 받게 된 것은 1910년 이후 일본 침략통치시대에 일본 당국이 무궁화가 우리 민족의 상징적인 꽃이라는 것을 알고 전국적으로 뽑아 없애 버리는 데서 비롯되었다. 해방 후에는 1950년대부터 서울대학교 농과대학 화훼연구실에서 류달영, 염도의 교수팀에 의해 학문적인 연구와 육종(育種), 세계적인 원예 품종의 도입과 일반 재배법이 개발되기 시작하였다. 1972년에는 역사상 처음으로 약 100품종의 무궁화 분꽃 전시회가 열렸으며, 그 후 정부는 88년 올림픽을 앞두고 전국적으로 무궁화심기 운동을 전개하기도 하였다(260면).

참고로, 이제까지 제시된 자료와 관련지을 수 있는, 소위 관습헌법의 유형별 사례와 근거를, 헌법 재판소 김승대 연구부장의 논문을 들어 살펴보기로 한다(동아일보, 2005년 1월 14일자 신문).

〈표 2〉 관습헌법의 유형별 사례와 근거

유형	사례	근거
선행적 관습헌법	한국어＝국어	- 우리나라 국어가 한국어란 점은 너무나 분명한 사실이어서 굳이 규범화할 필요가 없음. - 우리나라 공용어가 한국어란 점은 헌법 제정 이전부터 내려온 우리 민족의 본질적 특성이며, 오랜 습관으로서 국민의 공통적인 합의가 확고히 존재해 왔음.
	태극기＝국기 애국가＝국가	- 건국 당시는 물론 일제 강점기부터 우리나라를 상징하기 위해 널리 사용되었고, 그 상징성과 대표성이 인정되어 왔음. - 헌법에 명문의 근거 없이도 국민이 법적으로 공통된 견해에 도달한 사항임. - 외국에서도 명문화하지 않은 사례가 많음.
	서울＝수도	- 오랜 역사를 통해 계속되어 온 국가 조직에 관한 명료한 사항에 해당함. - 임진왜란, 병자호란, 6·25 전쟁 등 국난이 있었던 시절이나 일제강점기와 같이 국권을 상실한 시기에도 우리 민족의 수도로서 상징성을 상실한 적이 없음. - 헌법에 명문화하지 않았지만 법률 차원에서 서울이 수도란 점을 전제해 행정상 특수한 지위를 가지는 것을 정하는 법률을 제정하여 시행해 왔음.

통일을 이루기 위해서는 이처럼 실질적인 통일의 전 단계로, 과거의 근거자료들에 기초해서 남북한이 비교적 합의에 이르기 쉬운 것부터 해결한 후에, 서로 간에 불신을 해소하면서 인적인 교류를 지속적으로 확대해 나가야 한다. 여러 가지 면에서 세계사의 떳떳한 일원이 되기 위해서는, 특히 남북한 국민들이 좀 더 생활수준이 높은 경제생활을 하기 위해서는 통일이 필요함을 국민들에게 주지시킬 필요가 있다. 특히, 비교적 경제 생활이 더 나은 남한의 경우는 북한 주민의 어려운 경제여건을 생각하여, 낭비적인 음식물쓰레기, 과도한 에너지사용, 무분별한 유흥문화 등을 최소화하면서 북한 주민을 돕는 데 획기적인 민족애를 발휘해야 한다.

이런 연장선에서 국화, 국기, 국가, 국호, 수도 등에 관해 합의를 이끌어낸 후, 최종적으로 정체에 관해 합의를 이끌어내는 방법을 생각해내야 한다. 물론, 정체는 자유주의와 사회주의의 장점을 채택하면서 이를 정치, 경제, 사회, 문화 등 각 분야에 적용시키는 일이다. 지난 분단의 세월 속에서 각 분야별로 더 효율적인 체제가 무엇이었는지를 밝혀주는 자료들을 역사에서 찾아내야 하되, 아픔이나 수치심을 들추어내는 일로 귀결되어서는 안 된다. 실패는 성공의 밑거름으로 삼는 것에 그 초점이 주어져야지, 책임을 들추기 위한 자료로 활용되어서는 안 된다. 미래지향적으로 용서하면서 함께 앞으로 나아가는 자세가 요청된다.

참고문헌

곽차섭(2002). 「역사, 소설, 미시사의 글쓰기」. 문화사학회 학술 심포지엄.

김종철(1995). 「몽테스키외의 역사철학: 합리주의와 경험주의, 이상주의와 현실
　　주의 사이의 갈등」. 《철학연구》, 37집, 101∼118.

남상호(2000a). 「공자와 춘추」. 《공자학》, 7집, 189∼214.

남상호(2000b). 「사마천의 승폐통변(承蔽通變)의 방법」. 《공자학》, 6집, 5∼34.

남상호(2000c). 「동중서의 천인감응의 방법」. 《범한철학》, 22집, 177∼217.

노명식(1987). 「슈펭글러와 토인비」. 《서양사학사론》. 서울: 법문사.

도서출판 광주 편집부(1988). 《조선철학사 연구》. 광주: 도서출판 광주.

동아일보 2005년 1월 14일자 신문 종합면 A6. "관습헌법"

동아출판사 백과사전부 (1988). 「동아 세계대백과사전」, 〈12〉, 〈19〉, 〈24〉권. 서
　　울: 동아출판사

민두기(1993). 《중국의 역사인식》(상), (하). 서울: 창작과비평사.

박걸순(2004). 《식민지시기의 역사학과 역사인식》. 서울: 경인문화사.

배용일(2002). 《박은식과 신채호 사상의 비교연구》. 서울: 경인문화사.

박성수(1980). 《역사이해와 비판의식》. 서울: 종로서적.

박성수(1983). 《역사란 무엇인가》. 서울: 동아학연사.

백승균(1985). 「칸트의 역사철학」. 《철학연구》(대한철학회), 40집, 37∼61.

신일철(1979). 「역사의 과학성 문제」. 《철학연구》, 14집, 21∼36.

신일철(1980). 「역사 ―역사의 인식론적 성격―」. (최동희외 지음),
　　《철학개론》(153∼171면). 서울: 고려대학교 출판부.

신일철(1997). 「신채호의 근대국가관—자강주의 '국가'에서 아나키즘적 '사회'로—」《현대사회철학과 한국사상》(247~275면). 서울: 문예출판사.

안건훈(1992). 「헴펠의 과학적 설명형과 그 문제점」(신일철외 지음),《현대철학과 사회》(75~94면). 서울: 서광사.

안건훈(1999). 「거시분석과 미시분석에 의한 교육사 서술」.《교육학연구》, 37권 (3), 1~17.

안건훈(2001).《과학·기술 그리고 철학》. 서울: 철학과 현실사.

안건훈(2005).《인과성분석》. 서울: 서울대학교 출판부.

안건훈(2007).《현대영미철학》. 춘천: 강원대학교 출판부.

안재홍(1997). 「신민족주의의 과학성과 통일 독립의 과제」(최원식·백영서 엮음),《동양 학술 총서 4 —동아시아인의 '동양' 인식:19~20세기—》(261~277면). 서울: 문학과 지성사. (원전은 1949년 8월에《신천지》에 실렸음)

이기백(2000).《한국사신론》. 서울: 일조각.

이상현(1991).《역사철학과 그 역사》. 서울: 박문각.

이영화(2003).《최남선의 역사학》. 서울: 경인문화사.

유헌식(2000). 「헤겔의 역사철학에 나타난 세계사적 민족의 출현구조 —역사진행의 연속과 불연속의 양면성—」.《철학》, 63집, 151~168.

이광주·이민호 엮음(1984).《역사와 사회과학》. 서울: 한길사.

이광주·이민호(1988).《현대의 역사이론》. 서울: 한길사.

이기백(2000).《한국사신론》. 서울: 일조각.

이상신(1994).《역사학개론》. 서울: 신서원.

이상현(1991).《역사철학과 그 역사》. 서울: 박문각.

이수윤(2004).《역사철학》. 충북: 한국교원대학교 출판부.

이충진(2000). 「칸트의 역사철학」—실용주의 역사철학을 위한 시도—.《철학연구》, 62집, 161~184.

이한구(1986).《역사주의와 역사철학》. 서울: 문학과지성사.

이한구(1988). 「칸트와 목적론적 역사」.《철학연구》, 24집, 149~182.

임희완(2003).《20세기의 역사철학자들》. 서울: 건국대학교 출판부.

전원배(1983).《역사철학》. 이리: 원광대학교 출판국.

정항희(1993).《서양역사철학사상론》. 서울: 법경출판사.

조한욱(2000).「미시사의 이론과 실제」. 역사학회 여름 심포지엄.

주채혁(2004).「고구려는 '순록', 조선은 순록 '유목초지'!」.《흙살리기》, 55집, 1.

차하순(1982).《사관이란 무엇인가》. 서울: 청람문화사.

차하순(1989).《역사의 본질과 인식》. 서울: 학연사.

최남선(1925).「불함문화론」(윤재영 옮김). (원래의 글은 일본어로 되어 있음.)

최동희, 김영철, 신일철, 윤사순(1972).《철학》. 서울: 일신사.

최동희, 김영철, 신일철, 윤사순(1980).《철학개론》. 서울: 고려대학교 출판부.

톰슨성경 편찬위원회(1989).《톰슨대역 한영성경》. 서울: 기독지혜사

한글학회(1997).《우리말 큰사전》. 서울: 어문각.

홍이섭(2003).「민족자주사관의 확립」—한국사의 새 관점—.《홍이섭전집 7》
　　(3～11면). 서울: 연세대학교 출판부.(원래 이 글은 1966년,《대학생과 교양》
　　에 실렸었음.)

홍이섭(2003).「한국사관의 정립의 가능성」.《홍이섭전집 7》(12～26면). 서울: 연
　　세대학교 출판부. (원래 이 글은 1966년 3월,《정경연구》2(3)에 실렸었음.)

홍이섭(2003).「민족사학의 과제」.《홍이섭전집 7》(117～131면). 서울: 연세대학
　　교 출판부.(원래 이 글은 1965년 10월,《세대》3(9)에 실렸었음.)

홍이섭(2003).「식민지적 사관의 극복」—민족의식의 확립과 관련하여—.《홍이섭
　　전집 7》(27～41면). 서울: 연세대학교 출판부. (원래 이 글은 1969년 3월《아
　　세아》에 실렸었음.)

Berlin, Isaiah(1997).《비코와 헤르더》(이종흡·강성호 옮김). 서울: 민음사. (원
　　서인 *Vico and Herder*는 1997년에 Curtis Brown Group에 의해 출판되었
　　음.)

Berman, M.(2002).《미국문화의 몰락》(심현식 옮김). 서울: 황금가지. (원서인
　　*The twilight of American culture*는 2001년에 Norton에서 출판되었음.)

Blunschli, J. K.(1901). *Theory of the state*. London : Oxford University Press.

Carr, E. H.(1984). 《역사란 무엇인가?》(길현모 옮김). 서울: 탐구당. (원서인 *What is history*?는 1961년에는 Macmillan 출판사에서, 1970년에는 Middlesex(England)에 있는 Penguin Books출판사에서 각각 출판되었음.)

Collingwood, R. G.(1946). *The idea of history*. New York : Oxford University Press.

Copleston, Frederick Charles(1998). 《그리스 로마철학사》 (김보현 옮김). 서울: 철학과 현실사. (원서인 *A history of philosophy* : Volume 1은 A. P. Watt 출판사에서 출판되었음.)

Dray, W. H.(1959). Explaining what in history. In P. Gardiner (Ed.), *Theories of history*(pp.403~408). New York : Free Press of Glencoe.

Dray, E. H.(1993). 《역사철학》(황문수 옮김). 서울: 문예출판사. (원서인 *Philosophy of history* 는 1964년에 Englewood Cliffs에 있는 Prentice Hall 출판사에서 출판되었음.)

Edwards, P. (Ed. in Chief)(1978). *The encyclopedia of philosophy*, 5. New York: The Macmillan & The Free Press.

Finley, M. I.(1959). 《그리스의 역사가들-헤로도투스 : 역사》 (이용찬 옮김). 안양: 평단문화사. (원서인 *The Greek historians*는 1959년 영국의 The Viking Press에서 출판되었음.)

Fukuyama, Francis(1999). 《역사의 종말》 (이상훈 옮김). 서울: 한마음사. (원서인 *The end of history and the last man*은 1992년에 뉴욕에서 출판되었음.)

Gardiner, P.(1952). *The nature of historical explanation*. Oxford : Oxford University Press.

Gardiner, P. (Ed.)(1959). *Theories of history*. New York: Free Press of Glencoe.

Gorovitz, S., Hintikka. M., Provence, D., & Williams, R. G.(1979). *Philosophical analysis* (3rd edition). New York: Random House.

Gorovitz, S., Hintikka. M., Provence, D., & Williams, R. G.(1993). 《철학적

분석》 (안건훈 옮김). 서울: 고려원. (원서인 *Philosophical analysis*는 1979
년 New York에 있는 Random House 출판사에서 출판되었음.)

Hegel, G. W. F.(1982). *Vorlesungen über die Philosophie der Geschichte*. (Werke in
zwanzig Bänden). Suhrkamp Verlag. (Auf der Grun-dlage der Werke von
1832~45 neu edierte Ausgabe Redaktion Eva Moldenhauer und Karl
Markus Michel)

Hegel, G. W. F.(1986a). 《역사철학강의 I》, 《역사철학강의 II》(김종호 옮김). 서
울: 삼성출판사. (원서인 *Vorlesungen über die Philosophie der Geschichte mit
einem Vorwort von Eduard Gans und Karl Hegel*은 1928년 Frammannes
Verlag에서 출판되었음.)

Hegel, G. W. F.(1986b). 《역사철학강의 II》(김종호 옮김). 서울: 삼성출판사.

Hempel, C. G.(1952). Problems and changes in the empiricist criterion of
meaning. In L. Linsky (Ed.), *Semantics and the philosophy of
language*(pp.41~62). Urbana: Illinois University Press.

Hempel, C. G.(1966a). Deductive-nomological vs. statistical explanation. In
H. Feigl and G. Maxwell (Eds.), *Minnesota studies in the philosophy of sci-
ence III*(pp.98~169). Minneapolis: The University of Minnesota Press.

Hempel, C. G.(1966b). *Philosophy of natural science*. Englewood Cliffs: Prentice
Hall.

Hempel, C. G.(1970). *Aspects of scientific explanation and other essays in the philoso-
phy of science*. New York: The Free Press.

Hook, S. (Ed.)(1963). *Philosophy and history*. New York: New York University.

Hughes, H. S.(1992). *Oswald Spengler*. New York: New Brunswick.

Huntington, S. P.(1996). *The clash of civilizations and the remaking of world order*.
New York: Georges Borchardt

Huntington, S. P.(2000). 《문명의 충돌》(이희재 옮김). 서울: 김영사. (원서인
The clash of civilizations and the remaking of world 는 1996년에 New York

에서 출판되었음.)

Jones, W. T.(1952). *A history of western philosophy*. New York: Harcourt, Brace and Company.

Kant, Immanuel(1784). Idee zu einer Algemeine Geschichte in Weltburgeliche Absicht.

Löwith, Karl(1949). *Meaning in history*. Chicago : University of Chicago Press.

Löwith, Karl(1990).《역사의 의미》(이석우 옮김). 서울: 탐구당. (원서는 *Meaning in history*이며 1949년에 출판되었음.)

Meyerhoff, Hans (Ed.)(1959). *The philosophy of history in our time*. Garden City : Doubleday & Company.

Müller, H.(2000).《문명의 공존》(이영희 옮김). 서울: 푸른숲. (원서인 *Das Zusammenleben der Kulturen*.은 1998년 Frankfurt에서 출판되었음.)

Murray, Michael(1983).《역사철학》(황태연·김영숙 옮김). 서울: 이삭. (원서인 *Modern philosophy of history : Its origin and destination* 은 1976년에 The Hague에 있는 Martinus Nijhoff출판사에서 출판되었음.)

Popper, Karl R.(1968). *The logic of scientific discovery* (2nd edition). New York: Harper & Row.

Popper, Karl R.(1993).《역사주의의 빈곤》(이석윤 옮김). 서울: 도서출판 벽호. (원서인 *The poverty of historicism*은 1957년 영국에서 출판되었다.)

Reis, and Kristeller, (1943). Some remarks on the method of history. *Journal of Philosophy*, *XL*(9).

Shaffer, Jerome A.(1968). *Philosophy of mind*. Englewood Cliffs : Prentice Hall.

Shaffer, E. H.(1983).《심리철학》(조승옥 옮김). 서울: 종로서적.

Spengler, Oswald(1918). *Der Untergang des Abendlandes -Gestalt und Wirklichkeit-*. Munich.

Spengler, Oswald(1932). *The decline of the West* (C. F. Atkinson, Trans.). London.

Stanford, Michael(1987). *The nature of historical knowledge*. Oxford : Basil Blackwell.

St. Augustinus(2004). 《신국론》 (성염 역주). 서울: 분도출판사. (원서는 *De Civitate Dei* [*The city of God*]임)

Toffler, A.(1971). *Future shock*. London : Pan Books

Toffler, A.(1983). The third wave. London : Pan Books

Toynbee, A. J.(1947). *A study of history*. New York : Oxford University Press.

Toynbee, A. J.(1976). 《역사의 연구 I》, 《역사의 연구 II》(노명식 옮김). 서울: 삼성출판사. (원서인 *A study of history*는 1934~1961년에 걸쳐 모두 12권이 출판되었음.)

Veyne, Paul(2004).《역사를 어떻게 쓰는가》(이상길·김현경 옮김). 서울: 새물결. (원서인 *Comment on écrit l' histoire*는 1978년 Paris에 있는 Les Editions du Seuil 출판사에서 출판되었음.)

Wallerstein, Immanuel(1988). *The modern world-system I-II*. New York : Academic Press.

Walsh, W. H.(1968). *Philosophy of history*. New York : Harper & Row.

Walsh, W. H.(1989). 《역사철학》(김정선 옮김). 서울: 서광사. (원서인 *An introduction to philosophy of history*는 1967년에 London에 있는 Hutchinson University Library에서 출판되었음.)

찾아보기

218

220